教育部　财政部中等职业学校教师素质提高计划成果
电力机车运用与检修专业师资培训包开发项目(LBZD033)

电力机车运用与检修专业教师教学能力标准、培训方案和培训质量评价指标体系

Dianli Jiche Yunyong Yu Jianxiu Zhuanye Jiaoshi Jiaoxue Nengli Biaozhun, Peixun Fang'an He Peixun Zhiliang Pingjia Zhibiao Tixi

教育部　财政部　组编
杨志强　主编

中国铁道出版社

2012年·北京

内 容 简 介

本书为教育部、财政部实施的中等职业学校教师素质提高计划成果，是电力机车运用与检修专业师资培训包开发项目(LBZD033)的主要成果之一，包括中等职业学校电力机车运用与检修专业教师教学能力标准、中等职业学校电力机车运用与检修专业教师培训方案(上岗、提高、骨干三个层级)、电力机车运用与检修专业教师培训质量评价指标体系等三项成果。

本书是中等职业学校电力机车运用与检修专业教师上岗层级、提高层级、骨干层级的培训指导用书，也可作为各级电力机车运用与检修专业教师培训的指导与参考用书。

图书在版编目(CIP)数据

电力机车运用与检修专业教师教学能力标准、培训方案和培训质量评价指标体系/教育部，财政部组编. —北京：中国铁道出版社，2012.1

教育部 财政部中等职业学校教师素质提高计划成果

电力机车运用与检修专业师资培训包开发项目．LBZD033

ISBN 978-7-113-13862-2

Ⅰ.①电… Ⅱ.①教…②财… Ⅲ.①电力机车-中等专业学校-师资培训-教材 Ⅳ.①U264

中国版本图书馆 CIP 数据核字(2011)第 232272 号

书　　名：电力机车运用与检修专业教师教学能力标准、培训方案和培训质量评价指标体系

作　　者：教育部　财政部　组编

责任编辑：金　锋　　**编辑部电话**：010-51873125　　**电子信箱**：jinfeng88428@163.com

封面设计：崔丽芳

责任校对：孙　玫

责任印制：陆　宁

出版发行：中国铁道出版社(100054，北京市西城区右安门西街 8 号)

网　　址：http://www.tdpress.com

印　　刷：北京市昌平开拓印刷厂

版　　次：2012 年 1 月第 1 版　2012 年 1 月第 1 次印刷

开　　本：787 mm×1 092 mm　1/16　印张：4.25　字数：101 千

印　　数：1～2 000 册

书　　号：ISBN 978-7-113-13862-2

定　　价：11.50 元

教育部　财政部中等职业学校教师素质提高计划成果
系列丛书

教育部　财政部中等职业学校教师素质提高计划成果
系列丛书

电力机车运用与检修专业师资培训包开发项目（LBZD033）

项目牵头单位　浙江师范大学
项 目 负 责 人　杨志强

出版说明

根据2005年全国职业教育工作会议精神和《国务院关于大力发展职业教育的决定》（国发［2005］35号），教育部、财政部2006年12月印发了《关于实施中等职业学校教师素质提高计划的意见》（教职成［2006］13号），决定“十一五”期间中央财政投入5亿元用于实施中等职业学校师资队伍建设相关项目。其中，安排4 000万元，支持39个培训工作基础好、相关学科优势明显的全国重点建设职教师资培养培训基地牵头，联合有关高等学校、职业学校、行业企业，共同开发中等职业学校重点专业师资培训方案、课程和教材(以下简称“培训包项目”)。

经过四年多的努力，培训包项目取得了丰富成果。一是开发了中等职业学校70个专业的教师培训包，内容包括专业教师的教学能力标准、培训方案、专业核心课程教材、专业教学法教材和培训质量评价指标体系5方面成果。二是开发了中等职业学校校长资格培训、提高培训和高级研修3个校长培训包，内容包括校长岗位职责和能力标准、培训方案、培训教材、培训质量评价指标体系4方面成果。三是取得了7项职教师资公共基础研究成果，内容包括中等职业学校德育课教师、职业指导和心理健康教育教师培训方案、培训教材，教师培训项目体系、教师资格制度、教师培训教育类公共课程、职业教育教学法和现代教育技术、教师培训网站建设等课程教材、政策研究、制度设计和信息平台等。上述成果，共整理汇编出300多本正式出版物。

培训包项目的实施具有如下特点：一是系统设计框架。项目成果涵盖了从标准、方案到教材、评价的一整套内容，成果之间紧密衔接。同时，针对职教师资队伍建设的基础性问题，设计了专门的公共基础研究课题。二是坚持调研先行。项目承担单位进行了3 000多次调研，深度访谈2 000多次，发放问卷200多万份，调研范围覆盖了70多个行业和全国所有省（区、市），收集了大量翔实的一手数据和材料，为提高成果的科学性奠定了坚实基础。三是多方广泛参与。在39个项目牵头单位组织下，另有110多所国内外高等学校和科研机构、260多个行业企业、36个政府管理部门、277所职业院校参加了开发工作，参与研发人员2 100多人，形成了政府、学校、行业、企业和科研机构共同参与的研发模式。四是突出职教特色。项目成果打破学科体系，根据职业学校教学特点，结合产业发展实际，将行动导向、工作过程系统化、任务驱动等理念应用到项目开发中，体现了职教师资培训内容和方式方法的特殊性。五是研究实践并进。几年来，项目承担单位在职业学校进行了 1 000 多次成果试验。阶段性成果形成后，在中等职业学校专业骨干教师国家级培训、省级培训、企业实践等活动中先行试用，不断总结经验、修改完善，提高了项目成果的针对性、应用性。六是严格过程管理。两部成立了专家指导委员会和项目管理办公室，在项目实施过程中先后组织研讨、培训和推进会近 30 次，来自职业教育办学、研究和管理一线的数十位领导、专家和实践工作者对成果进行了严格把关，确保了项目开发的正确方向。

作为“十一五”期间教育部、财政部实施的中等职业学校教师素质提高计划的重要内容，培训包项目的实施及所取得的成果，对于进一步完善职业教育师资培训培训体系，推动职教师资培训工作的科学化、规范化具有基础性和开创性意义。这一系列成果，既是职教师资培养培训机构开展教师培训活动的专门教材，也是职业学校教师在职自学的重要读物，同时也将为各级职业教育管理部门加强和改进职教教师管理和培训工作提供有益借鉴。希望各级教育行政部门、职教师资培训机构和职业学校要充分利用好这些成果。

为了高质量完成项目开发任务，全体项目承担单位和项目开发人员付出了巨大努力，中等职业学校教师素质提高计划专家指导委员会、项目管理办公室及相关方面的专家和同志投入了大量心血，承担出版任务的 11 家出版社开展了富有成效的工作。在此，我们一并表示衷心的感谢！

编写委员会
2011 年 10 月

前　言

为贯彻落实《国务院关于大力发展职业教育的决定》（国发［2005］35号）精神，全面提升中等职业学校人才培养质量，切实提高中等职业学校教师队伍的整体素质，优化教师队伍结构，完善教师队伍建设的有效机制，“十一五”期间，教育部、财政部实施“中等职业学校教师素质提高计划”，于2007年启动全国70个重点专业师资培养培训方案、课程和教材开发包项目，即重点专业师资培养培训包开发项目。重点专业师资培养培训方案、课程和教材开发包项目包括专业教师教学能力标准、培训方案、专业核心教材、专业教学法教材和培训质量评价体系等五个方面的内容。

电力机车运用与检修专业中职师资培训包开发项目（LBZD033）是教育部、财政部“中等职业学校教师素质提高计划重点专业师资培养培训方案、课程和教材开发项目”的70个专业项目之一。该项目由浙江师范大学杨志强负责开发，主要开发人员有浙江师范大学沈亚强、郑州铁路职业技术学院张中央、西安铁路职业技术学院陶若冰、湖南铁路科技职业技术学院袁清武等。本书为电力机车运用与检修专业中职师资培训包开发项目主要成果之一。内容包括中等职业学校电力机车运用与检修专业教师教学能力标准、专业教师培训方案（上岗、提高、骨干三个层级）、电力机车运用与检修专业教师培训质量评价指标体系等三项成果。

专业教师能力标准由两部分组成：第一部分为教师专业实践能力标准，第二部分为教师教学能力标准。专业教师教学能力标准的制定，旨在鼓励、激发、促进教师提高职业教育教学能力和专业实践能力，以提高中等职业学校的教育教学质量。其目标是：通过专业教师能力标准的制定和对专业教师的培养培训，使专业教师能够完成电力机车运用与检修专业实践能力标准中的内容，达到能够示范、指导学生的水平；同时针对教学能力标准的内容，达到中等职业学校电力机车运用与检修专业教师教学能力的标准。

专业教师培训方案的设计以专业教师能力标准为基本依据。培训方案由上岗层级、提高层级和骨干层级三个子方案组成。通过培训方案的实施，旨在使接受培训的教师的政治思想和职业道德水准、专业知识与专业技能、学术水平、教育教学能力和科研能力等综合素质有显著提高，使不同层级的培训对象成为具有高素质、高水平，具有终身学习能力和教育创造能力的合格教师、努力迈进中等职业学校电力机车运用与检修专业骨干行列的教师和在教学实践中发挥示范作用的“双师（能）型”专业骨干教师。

质量评价指标体系由培训方案、培训条件、培训管理、培训效果 4 个一级指标，29 个二级指标构成。质量指标体系的制定，在充分重视定量评价指标的同时，对部分不宜定量评价而又重要的指标，采取定性描述、模糊判断的评价方法。质量指标体系力求能满足教师培训质量评价的要求，各项指标在重视培训方案、培训条件、培训管理评价的基础上，突出培训效果，并注重了指标的专业性、代表性、简便性和可操作性的要求。

项目研发过程中得到了中等职业学校教师素质提高计划重点专业师资培养培训方案、课程和教材开发项目专家委员会和项目管理办公室的帮助与指导，项目开发过程中还得到了金华市教育局职教处朱孝平、湖南铁道职业技术学院张莹、南京铁道职业技术学院李晓村、北京铁路电气化学校王建立、内江铁路机械学校黄恩兴、太原铁路机械学校张龙等专家的指导，在此表示衷心感谢！

由于限于掌握的资料和项目组成员的，项目成果中定有瑕疵和不足，恳切希望大家给予谅解和批评指正。

编　者
2011 年 6 月

目　录

中等职业学校电力机车运用与检修专业教师教学能力标准

本标准由专业实践能力标准和教师教学能力标准两部分组成。

中等职业学校电力机车运用与检修专业教师能够完成本专业实践能力标准中的内容，达到能够示范、指导学生完成的水平，同时针对电力机车运用与检修专业教学能力标准的内容，达到中等职业学校专业教师教学能力标准。

专业实践能力标准包括：1. 检修电力机车机械；2. 检修电力机车电器；3. 检修电力机车电机；4. 检修电力机车制动装置；5. 检修电力机车电气控制装置；6. 电力机车运用与管理等6项。合格教师要求达到1～5项中的2项标准；骨干教师在合格教师的基础上，还应达到第6项标准的要求。

教学能力标准中不带"※"号的为合格教师能力标准，骨干教师能力要求涵盖合格教师的能力要求并应达到"※"号项规定的标准。

模块一　电力机车检修

1　检修电力机车机械

1.1　检修走行部

1.1.1　检修车体与构架

1.1.1.1　能分析、鉴定构架主要组装部件焊接质量、装配质量

1.1.1.2　能分析、鉴定构架表面的缺陷

1.1.2　检修轮对电机组装

1.1.2.1　能检测轮对各部尺寸、踏面擦伤深度、剥离长度、轮缘磨耗偏差

1.1.2.2　能检查车轴是否有拉伤、轴向裂纹现象，并视情况打磨处理或铲沟消除

1.1.2.3　能检验轮对压装的压力曲线、注油油压

1.1.2.4　能检测、调整、组装轮对与电机

1.1.2.5　能进行轮对电机组装的空转试验

1.1.2.6　能诊断、排除轮对电机空转试验发热故障

1.1.3　检修轴箱与轴箱拉杆

1.1.3.1　能检查、解体、清洗、组装轴箱

1.1.3.2　能解体、检查、组装轴箱拉杆与轴箱接地电刷装置

1.1.3.3　能检查、测量、处理轴箱拉杆与轴箱体装配不到位故障

1.1.3.4　能检查、处理轴箱轴承故障

1.1.3.5　能诊断、排除轴箱发热故障

1.1.4　检修弹簧悬挂装置

1.1.4.1　能检查、测量、选配轴箱弹簧组

1.1.4.2　能检查橡胶、弹簧支撑装置

1.1.4.3　能检查、更换油压减振器

1.1.4.4　能解体、检修油压减振器并测试其阻尼系数

1.1.4.5　能分解、组装摩擦减振器

1.1.4.6　能诊断、排除垂向油压减振器偏磨故障

1.1.4.7　能测试橡胶弹簧的挠度

1.1.5　检修电机悬挂装置

1.1.5.1　能检查电机悬挂装置各紧固件的紧固、防松状态

1.1.5.2　能检查、测量吊座与电机安装座的装配

1.1.5.3　能检查、测量防落板与电机的技术参数

1.2　检修车体与牵引缓冲装置

1.2.1　检修车体与构架

1.2.1.1　能拆装、调整门梯扶手杆、前窗、侧窗、车体侧墙百叶窗

1.2.1.2　能分析、鉴定车体主要组装部件焊接质量、装配质量

1.2.1.3　能分析、鉴定车体部件表面的缺陷

1.2.2　检修牵引缓冲装置

1.2.2.1　能检查车钩“三态”

1.2.2.2　能测量、调整车钩距轨面高度

1.2.2.3　能分解、清扫、组装:钩舌与钩舌销、车钩提杆装置、缓冲装置

1.2.2.4　能处理车钩零部件裂纹、高度不符合要求、车钩摆动不灵活、车钩锁闭不良、车钩提杆装置作用不灵活故障

1.2.2.5　能诊断、排除缓冲装置压块卡滞、底板倾斜、车钩与缓冲装置组装后上浮或下垂故障

2　检修电力机车电器

2.1　检修接触器与继电器

2.1.1　检修接触器

2.1.1.1　能测量(试)接触器的参数

2.1.1.2　能调整接触器的参数

2.1.1.3　能更换各类接触器

2.1.1.4　能解体、检修、组装接触器

2.1.2　检修继电器

2.1.1.1　能测量(试)继电器的参数

2.1.1.2　能调整继电器的参数

2.1.1.3　能更换各类继电器

2.1.1.4　能解体、检修、组装继电器

2.2　检修主型电器

2.2.1　检修受电弓

2.2.1.1　能清扫、检查受电弓各部件

2.2.1.2　能测试、调整受电弓的参数

2.2.1.3 能判断、处理受电弓故障

2.2.1.4 能检修受电弓

2.2.2 检查真空断路器

2.2.2.1 能检查真空断路器外观及风管路气密性

2.2.2.2 能判断真空断路器的故障

2.2.3 检修位置转换开关

2.2.3.1 能清扫、检查位置转换开关

2.2.3.2 能判断、处理位置转换开关故障

2.2.3.3 能解体、检修、组装及试验位置转换开关

2.2.4 检修司机控制器

2.2.4.1 能清扫、检修司机控制器

2.2.4.2 能更换司机控制器

2.3 检修其他电器

2.3.1 检修传感器

2.3.1.1 能清扫、检查传感器

2.3.1.2 能处理传感器故障

2.3.2 检修蓄电池

2.3.2.1 能清扫、检查蓄电池箱

2.3.2.2 能测量蓄电池组对地绝缘电阻值

2.3.2.3 能测量蓄电池单节电压和蓄电池组输出电压

2.3.2.4 能处理蓄电池单节故障

3 检修电力机车电机

3.1 电机维护

3.1.1 能检查电机外部、引出连线、接线盒并紧固包扎电机连线

3.1.2 能清扫、检查换向器与电机内部可见部分

3.1.3 能测量调整刷握参数、检查更换电刷

3.1.4 能测量各绕组绝缘电阻值

3.1.5 能对轴承补充润滑脂

3.1.6 能打磨处理换向器表面

3.2 电机检修

3.2.1 牵引电机检修

3.2.1.1 能检修小齿轮和换向器

3.2.1.2 能解体、清洗、测试、组装电机端盖及轴承

3.2.1.3 能清扫、检查、拆卸、安装刷架圈

3.2.1.4 能进行电机耐压试验、空载试验

3.2.2 辅助电机检修

3.2.2.1 能解体、检修、组装各类辅机

3.2.2.2 能进行三相交流辅机的空载试验

3.3 故障判断与处理

3.3.1 电机故障判断与处理

3.3.1.1 能判断处理牵引电机接线过热、烧损、环火、定子绕组、电枢绕组接地、刷架及

刷握连线接地故障

3.3.1.2 能判断处理辅助电机接线过热、烧损、固定螺丝松动、自冷风扇裂纹、异音和接地故障

3.3.2 主变压器、互感器的故障判断处理

3.3.2.1 能检查主变压器高、低压瓷瓶

3.3.2.2 能检查主变压器、互感器接线、判断高压电压、电流互感器的故障部位

3.3.2.3 能检查变压器油位、处理变压器漏油故障

3.3.2.4 能检查、更换吸湿剂

3.3.2.5 能判断、处理绕组故障、变压器异音故障

4 检修电力机车制动装置

4.1 分解、检修、组装制动装置

4.1.1 分解制动装置

4.1.1.1 能进行安全防护

4.1.1.2 能解体手制动装置

4.1.1.3 能在车上更换单元制动器密封罩

4.1.1.4 能拆卸现车制动配件

4.1.1.5 能分解单元制动器(缸)、电空制动控制器

4.1.1.6 能分解制动装置主要部件(分配阀、空气制动阀、中继阀、电空阀、紧急阀、重联阀)

4.1.2 检修制动装置

4.1.2.1 能检查、测量、调整闸瓦与踏面、瓦背与闸瓦托的间隙； 能拆装、矫正闸瓦托杆

4.1.2.2 能检修制动装置主要部件(分配阀、空气制动阀、中继阀、电空阀、紧急阀、重联阀)

4.1.3 组装制动装置

4.1.3.1 能组装单元制动器(缸)、电空制动控制器

4.1.3.2 能组装制动装置主要部件(分配阀、空气制动阀、中继阀、电空阀、紧急阀、重联阀)

4.2 制动装置试验

4.2.1 能试验单元制动器、电空制动控制器的动作性能

4.2.2 能对塞门、软管、主要阀件进行试验台试验

4.2.3 能对空压机、风源净化装置进行试验台试验

4.3 制动装置故障处理

4.3.1 主要部件的故障判断处理

4.3.1.1 能处理制动时闸瓦不贴轮的故障

4.3.1.2 能处理闸瓦偏磨故障

4.3.1.3 能诊断、排除手制动装置作用不灵活的故障

4.3.1.4 能判断、处理单元制动器(缸)、电空制动控制器故障

4.3.1.5 能判断、处理塞门、软管、集尘器、滤尘器、主要阀件、闸调器、制动管系故障

4.3.2 制动系统的故障判断与处理

4.3.2.1 能绘制制动系统管路示意图

4.3.2.2 能判断、处理制动系统常见故障

5 检修电力机车电气控制装置

5.1 电气屏柜维护

5.1.1 电气屏柜清洁

5.1.1.1 能吹扫机车高压柜、整流柜、制动电阻柜、低压柜、电源柜、电子柜、微机柜

5.1.1.2 能清洁机车高压柜、整流柜、制动电阻柜、低压柜、电源柜、电子柜、微机柜

5.1.2 运用状态检查

5.1.2.1 能测试电器部件的绝缘等级

5.1.2.2 能测量控制线路电阻值

5.1.2.3 能检查各屏柜部件安装及作用状态

5.1.2.4 能检查、紧固各屏柜对外连接的铜排及瓷件、连接导线、插头及插座

5.1.2.5 能检查、紧固电气屏柜内电气线路

5.1.2.6 能检查、紧固各接线端子

5.2 电气屏柜检修

5.2.1 能进行主电路配线

5.2.2 能进行机车辅助电路、控制电路各连接导线的布线、接线

5.2.3 能更换电气屏柜元件

模块二 电力机车运用与管理

6 运用与管理电力机车

6.1 乘务作业

6.1.1 出勤接班与段内作业

6.1.1.1 能解释行车揭示命令

6.1.1.2 能制定乘务作业的安全预想方案

6.1.1.3 能按《铁路技术管理规程》的规定对机车运用状态进行检查、试验、整备、保养

6.1.1.4 能按要求升起受电弓、闭合主断路器并起动各辅机

6.1.1.5 能操作列车运行监控记录装置，会用机车 IC 卡输入与转储有关数据

6.1.2 出段与挂车

6.1.2.1 能解释平稳连挂车辆并试拉的方法

6.1.2.2 能进行列车制动机试验

6.1.2.3 能计算每百吨列车重量换算闸瓦压力并判断是否符合标准

6.1.2.4 能解释高向旅客列车供电的方法

6.1.2.5 能准确说出开车前的各项准备工作

6.1.2.6 能在模拟驾驶装置上操纵机车，确认出段进路道岔开通位置，按信号显示行车，严守规定速度

6.1.3 发车运行和调车作业

6.1.3.1 能解释执行呼唤应答方法和车机联控制度

6.1.3.2 能在模拟驾驶装置上根据不同的线路状况操纵、牵引列车

6.1.3.3 能在模拟驾驶装置上按列车操纵示意图及列车运行图行车

6.1.3.4 能严格按信号显示行车

6.1.3.5 能使用列车运行监控记录装置及其他列车安全防护装置

6.1.3.6　能准确表达双机或多机牵引列车的操纵方法

6.1.3.7　能准确表达调车作业方法

6.1.4　到达入段退勤

6.1.4.1　能使用机车IC卡进行列车运行监控记录装置原始记录文件的转储

6.1.4.2　能检查保养机车

6.1.4.3　能对机车进行自检自修工作

6.1.4.4　能解释机统-28、机统-6、司机报单、事故报告等有关台账、报告、记录、报表的填写方法

6.1.4.5　能进行隔离开关作业及车顶检查作业

6.1.4.6　能完成机车防溜工作

6.1.4.7　能根据机车牵引吨数、乘务公里进行能耗计算

6.1.5　非正常行车

6.1.5.1　能解释列车运行监控记录装置动作后的处理方法

6.1.5.2　能制定列车运行中突发事件的安全预案

6.1.5.3　能制定汛期、天气不良、行车设备非正常情况下安全行车预案

6.2　机车维护及故障处理

6.2.1　机车高、低压试验

6.2.1.1　能进行机车低压试验

6.2.1.2　能进行机车高压试验

6.2.2　利用试灯查找故障

6.2.2.1　能用试灯查找、判断电路虚接故障

6.2.2.2　能用试灯查找、判断电路断路故障

6.2.3　处理控制电源及电源钥匙的故障

6.2.3.1　能对电源电压表无显示的故障进行判断、处理

6.2.3.2　能对电源屏不充电的故障进行处理

6.2.3.3　能处理闭合电源钥匙后，门联锁不动作的故障

6.2.3.4　能对门联锁动作但显示主接地的故障进行处理

6.2.4　处理受电弓故障

6.2.4.1　能判断、处理不升弓的故障

6.2.4.2　能判断、处理运行中自动降弓的故障

6.2.4.3　能判断、处理不能降弓的故障

6.2.4.4　遇弓网故障时，能判断故障程度并按规定处理

6.2.5　处理主断路器故障

6.2.5.1　能判断、处理主断路器不闭合的故障

6.2.5.2　能判断、处理主断路器断不开的故障

6.2.6　处理劈相机及各辅机的故障

6.2.6.1　能判断、处理劈相机的故障

6.2.6.2　能判断、处理空气压缩机的故障

6.2.6.3　能判断、处理各通风机的故障

6.2.6.4　能判断、处理潜油泵的故障

6.2.7　处理控制电路故障

6.2.7.1 能判断、处理两位置转换开关不转换的故障

6.2.7.2 能判断、处理“预备”灯不灭的故障

6.2.7.3 能判断、处理牵引无压无流的故障

6.2.8 机车各保护装置动作后的故障处理

6.2.8.1 能判断、处理原边过流、次边过流、辅过流、牵引电机过流的故障

6.2.8.2 能判断、处理空转保护动作的故障

6.2.8.3 能判断、处理主接地、辅接地、欠电压的故障

6.2.8.4 能进行列车运行监控记录装置动作后的处理

6.2.9 处理一般的机械故障

6.2.9.1 能判断、处理机车走行部异音、轴温升高等故障

6.2.9.2 能处理一般的松、漏等常见机械故障

6.2.10 处理机车制动机使用中的故障

6.2.10.1 能检验制动管漏泄量,判断制动系统漏泄处所,处理机车的漏泄故障

6.2.10.2 能判断、处理制动管不充风的故障

6.2.10.3 能判断、处理制动管不排风的故障

6.2.10.4 能判断、处理电空制动控制器在紧急位不起紧急制动作用的故障

6.2.10.5 能进行电空制动机电空位和空气位的转换操作

6.2.11 能进行机车各种备用设备的转换

6.2.12 处理机车复杂故障

6.2.12.1 能运用机车构造原理、电器及电气间的控制关系分析故障原因

6.2.12.2 能判断、处理控制电路两点接地等较复杂的机车故障

6.2.12.3 能使用机车逻辑控制装置并判断、处理故障

6.2.12.4 能判断处理机车无显示跳“主断”等复杂的机车故障

6.2.13 检查保养机车

6.2.13.1 能按全面检查程序对机车进行检查和保养

6.2.13.2 能更换、维护机车常用电器元件

6.2.13.3 能使用常用的工、卡、量具及检测仪器对机车有关部件进行检测

6.2.13.4 能对受电弓的性能进行调整及试验

6.3 机车管理

6.3.1 行车事故处理

6.3.1.1 能制定行车事故处理方案

6.3.1.2 能解释担当救援工作的方法和注意事项

6.3.2 机车运用指标

6.3.2.1 能根据机车周转图计算、分析运用指标

6.3.2.2 能计算列车牵引重量、列车制动力、列车运行阻力、列车制动距离、机车技术速度、机车旅行速度、机车旅行时间、机车日产量、机车日车公里

6.3.3 牵引计算

6.3.3.1 能根据机车牵引特性图表查找机车牵引力

6.3.3.2 能利用列车牵引计算软件进行各种计算

6.3.3.3 能利用列车牵引计算软件绘制列车操纵示意图

教师教学能力标准

1 课程设计

1.1 分析专业技术应用领域

1.1.1 明确专业发展现状

1.1.1.1 能明确电力机车运用与检修行业(专业)发展现状

1.1.1.2 会分析电力机车运用与检修专业中等职业人才社会需求

1.1.2 分析电力机车运用与检修专业职业岗位(群)能力结构

1.1.2.1 能明确电力机车运用与检修专业典型职业(岗位)工作

1.1.2.2 会分析电力机车运用与检修专业中等职业人才的岗位能力要求

1.1.3 解读电力机车运用与检修专业国家职业标准

1.1.3.1 能准确解读电力机车运用与检修行业职业能力标准

*1.1.3.2 能提出电力机车运用与检修行业职业能力标准的修订意见和建议

*1.2 设计培养方案

1.2.1 确定培养目标

1.2.1.1 能明确电力机车运用与检修专业培养目标

1.2.1.2 能明确电力机车运用与检修职业道德目标

1.2.1.3 能明确电力机车运用与检修职业能力目标

1.2.2 筛选课程内容

1.2.2.1 能明确筛选课程内容的方法

1.2.2.2 能明确电力机车运用与检修专业基本素质

1.2.2.3 能明确电力机车运用与检修专业通用能力

1.2.2.4 能明确电力机车运用与检修专业专业能力

1.2.3 组织课程内容

1.2.3.1 能明确课程内容组织的主要模式

1.2.3.2 能明确知识、技能和态度的组织方法

1.2.4 制定课程计划

1.2.4.1 能明确课程计划体例格式

1.2.4.2 能明确课程主要教学内容

1.2.4.3 能明确专业教育教学阶段目标

1.2.4.4 能明确课程间的关系,确定课程进度安排

1.2.5 设计课程标准

1.2.5.1 能明确课程标准的构成和体例

1.2.5.2 能明确课程的性质

1.2.5.3 能明确课程标准的设计思路

1.2.5.4 能明确课程目标

1.2.5.5 能明确课程内容和要求

1.2.5.6 能明确课程实施建议

1.2.5.7 能明确课程标准的必要说明

*1.3 评估培养方案

1.3.1 实施评估

1.3.1.1 能明确评估对象、目的和内容

1.3.1.2 能实施评估方案

1.3.1.3 能分析评估材料,写出评估报告

1.3.2 制定和修改评估方案

1.3.2.1 能设计评估标准

1.3.2.2 能制定评估计划

1.3.2.3 能开发评估工具

1.3.2.4 能根据评估结果修订评估方案

2 制定授课计划

2.1 解读培养方案

2.1.1 能明确职业道德目标

2.1.2 能明确专业能力目标

2.1.3 能明确方法能力目标

2.1.4 能明确社会能力目标

2.2 解读教学大纲

2.2.1 明确本门课程地位和作用

2.2.1.1 能明确本门课程的性质

2.2.1.2 能明确本门课程的功能

2.2.1.3 能明确本门课程与其他课程的关系

2.2.2 明确本门课程的教学目标

2.2.2.1 能明确本门课程的知识目标

2.2.2.2 能明确本门课程的技能目标

2.2.2.3 能明确本门课程的态度目标

2.3 解读职业资格标准

2.3.1 解读国家职业标准的内涵

2.3.1.1 能解读相关工种职业概况

2.3.1.2 能解读相关工种职业标准的基本要求

2.3.1.3 能解读相关工种职业标准的工作要求

2.3.1.4 能明确相关工种职业标准理论知识的权重

2.3.1.5 能明确相关工种职业标准技能操作的权重

2.3.2 解读培养方案与职业能力标准的相关性

2.3.2.1 能解读培养方案、课程标准与电力机车运用与检修行业职业能力标准的相关性

*2.3.2.2 能评价培养方案、课程标准与电力机车运用与检修行业职业能力标准的相关性

2.3.3 解读本门课程方案与相关工种职业标准的相关性

2.3.3.1 能解读本门课程目标与相关工种职业标准的相关性

2.3.3.2 能解读本门课程内容与相关工种职业标准的相关性

2.4 分析学情

2.4.1 分析学生的学习方法

2.4.1.1 会分析学生对陈述性知识的学习方法

2.4.1.2　会分析学生对程序性知识的学习方法

2.4.2　分析学生的学习态度

2.4.2.1　会分析学生的学习习惯

2.4.2.2　会分析学生的学习兴趣

2.5　分析教材

2.5.1　教材结构分析

2.5.1.1　会分析教材陈述性知识结构

2.5.1.2　会分析教材程序性知识结构

2.5.1.3　会分析教材中融入的教学策略

2.5.2　教材地位和特点分析

2.5.2.1　能明确教材的地位和作用

2.5.2.2　能明确教材的重点和难点

2.5.3　教材内容分析

2.5.3.1　会使用归类法分析教材内容

2.5.3.2　会使用图解法分析教材内容

2.5.3.3　会使用层级法分析教材内容

2.5.3.4　会使用信息加工法分析教材内容

2.6　选择教学资源

2.6.1　能选择课程教材

2.6.2　能选择教学参考资料

2.6.3　能选择教辅材料

2.6.4　能选择教学设备

2.6.5　能选择教学场所

2.7　确定教学进度

2.7.1　确定本门课程教学目标

2.7.1.1　能确定本门课程开设的目的

2.7.1.2　能确定本门课程的知识目标、技能目标、态度目标

2.7.2　确定课程教授计划

2.7.2.1　能确定学习任务

2.7.2.2　能确定各学习任务的学习顺序

2.7.2.3　能确定各学习任务的教学目标

2.7.2.4　能确定各学习任务的重点难点

2.7.2.5　能确定各学习任务的学习方法

2.7.2.6　能确定各学习任务的学习时数

3　设计教案

3.1　明确教学目标

3.1.1　明确知识目标

3.1.1.1　能明确陈述知识目标

3.1.1.2　能明确程序知识目标

3.1.2　明确技能目标

3.1.2.1　能明确心智技能目标

3.1.2.2 能明确操作技能目标

3.1.3 明确态度目标

3.1.3.1 能明确认知目标

3.1.3.2 能明确情感目标

3.1.3.3 能明确意志力目标

3.2 分析职业活动的特点

3.2.1 分析职业环境条件特点

3.2.1.1 能确定职业活动场所

3.2.1.2 能确定职业活动的危害因素

3.2.2 分析职业能力特征

3.2.2.1 能确定职业活动心智技能特征

3.2.2.2 能确定职业活动操作技能特征

3.2.2.3 能分析职业活动方法能力特征

3.2.2.4 能分析职业活动社会能力特征

3.2.3 会分析职业活动工作要求

3.2.3.1 能确定职业活动技能要求

3.2.3.2 能确定职业活动相关知识要求

3.3 分析学习者

3.3.1 分析学生智力与特征

3.3.1.1 会分析学生的智力类型

3.3.1.2 会分析学生的生理特征

3.3.1.3 会分析学生的心理特征

3.3.1.4 会分析中职学生的社会性特征

3.3.2 分析初始能力

3.3.2.1 会分析学生的预备能力

3.3.2.2 会分析学生的目标能力

3.3.3 分析中职学生的学习风格

3.3.3.1 会分析中职学生的认知风格

3.3.3.2 会分析中职学生的情感风格

3.4 确定重点、难点

3.4.1 确定教学重点

3.4.1.1 能确定核心或主体学习内容

3.4.1.2 能确定实际应用中广泛需要的学习内容

3.4.1.3 能确定对培养学生能力有重大作用的学习内容

3.4.2 确定教学难点

3.4.2.1 能确定抽象程度高的学习内容

3.4.2.2 能确定预备能力不足的学习内容

3.4.2.3 能确定感性认识不足的学习内容

3.5 确定学习载体(任务/项目)

3.5.1 分析学习任务

3.5.1.1 能明确学习任务与工作任务的关系

3.5.1.2　能确定学习任务中的技术理论知识

3.5.1.3　能确定学习任务中的技术实践知识

3.5.1.4　能确定学习任务中的态度养成

3.5.2　确定学习项目/任务

3.5.2.1　能确定环境设备

3.5.2.2　能确定背景知识

3.5.2.3　能确定操作指导方案

3.5.2.4　能确定质量评价标准

3.6　准备原材料及工具

3.6.1　确定完成学习任务所需的材料

3.6.1.1　能确定完成学习任务所需材料的名称

3.6.1.2　能确定完成学习任务所需材料的规格

3.6.1.3　能确定完成学习任务所需材料的数量

3.6.2　确定工具、仪表、设备

3.6.2.1　能确定完成学习任务所需的工具

3.6.2.2　能确定完成学习任务所需的仪表

3.6.2.3　能确定完成学习任务所需的设备

3.7　布置教学场景

3.7.1　确定教学场所

3.7.1.1　能确定现有的教学条件

3.7.1.2　能按现有的教学条件确定教学场所

3.7.2　准备教学媒体

3.7.2.1　能确认完成学习任务所需的教学媒体

3.7.2.2　能按教学条件确定教学媒体

3.7.3　工位安排

3.7.3.1　能根据设备台数和学生人数安排工位

3.7.3.2　能制定工位轮转方案

3.8　准备教辅资料

3.8.1　能选择教辅资料

3.8.1.1　能收集相关教辅资料

3.8.1.2　能分析相关教辅资料

3.8.1.3　能选择教辅资料

3.8.1.4　能组织教辅资料

*3.8.2　能开发教辅资料

3.9　落实企业教学

3.9.1　方案制订

3.9.1.1　会分析企业教学单位的特性

3.9.1.2　会分析企业教学单位的劳动组织

3.9.1.3　会分析企业教学单位的生产过程

3.9.1.4　能拟定企业教学方案

3.9.2　企业联系

3.9.2.1　能走访、联络相关企业
3.9.2.2　能落实企业教学计划

3.10　确定教学策略

3.10.1　确定教学准备策略
3.10.1.1　能确定教学形式
3.10.1.2　能确定教学情境
3.10.1.3　会选用教学方法
3.10.1.4　会组织处理教学内容
3.10.1.5　会编排教学活动进程
3.10.1.6　会选用教学媒体
3.10.1.7　会设计教案
3.10.2　确定教学实施策略
3.10.2.1　能确定动机激发策略
3.10.2.2　能确定教学内容呈示方式策略
3.10.2.3　能确定教学中的沟通与合作策略

3.11 教学评价设计

3.11.1　明确教学评价的内涵
3.11.1.1　能明确教学评价的种类
3.11.1.2　能明确教学评价的功能
3.11.1.3　能明确教学评价的原则
3.11.2　设计教学评价方案
3.11.2.1　能解读能力标准
3.11.2.2　会选取工作样本
3.11.2.3　会准备评价材料
3.11.2.4　能制定施测计划

4　教学准备

4.1　准备教学资源

4.1.1　能准备原材料与设备、工具
4.1.1.1　能按学习任务和工位安排准备原材料和设备、工具
4.1.1.2　能检验设备、工具与仪表
4.1.2　能准备媒体资源

4.2　准备教辅材料

4.2.1　能准备教学资料
4.2.2.1　准备教学参考资料
4.2.2.2　准备练习资料
4.2.2　能准备专业技术资料

4.3　布置教学情境

4.3.1　布置物理维度教学情境
4.3.1.1　会布置信息资源
4.3.1.2　会布置认知工具
4.3.1.3　会创设设施情境

4.3.1.4　会布置岗位作业情境

4.3.2　布置心理维度教学情境

4.3.2.1　会布置企业化管理情境

4.3.2.2　会布置企业文化情境

4.4　准备教具

4.4.1　明确教具管理办法

4.4.1.1　能明确教具管理相关规定

4.4.1.2　能明确教具借用相关办法

4.4.2　检查与布置教具

4.4.2.1　会检查教具的质量

4.4.2.2　会按教学环境布置教具

5　实施教学

5.1　导入新课

5.1.1　导语引导

5.1.1.1　能应用问题引导法

5.1.1.2　能应用简介引导法

5.1.1.3　能应用事例引导法

5.1.1.4　能应用悬念引导法

5.1.1.5　能应用故事引导法

5.1.1.6　能应用回顾引导法

5.1.2　情境引导

5.1.2.1　能应用实物引导法

5.1.2.2　能应用媒体展示引导法

5.1.2.3　能应用教具演示引导法

5.1.2.4　能应用实验引导法

5.1.2.5　能应用图示描述引导法

5.1.2.6　能应用音乐激情引导法

5.1.2.7　能应用录像放映引导法

5.1.2.8　能应用照片图景引导法

5.2　情景导入

5.2.1　媒体引导

5.2.1.1　能应用语言媒体导入情景

5.2.1.2　能应用传统媒体导入情景

5.2.1.3　能应用电化媒体导入情景

5.2.2　行动引导

5.2.2.1　能应用头脑风暴法导入情景

5.2.2.2　能应用项目教学法导入情景

5.2.2.3　能应用角色扮演教学法导入情景

5.2.2.4　能应用引导文教学法导入情景

5.2.2.5　能应用模拟教学法导入情景

5.2.2.6　能应用案例教学法导入情景

5.3 布置学习任务

5.3.1 布置项目教学法学习任务

5.3.1.1 能解读项目任务

5.3.1.2 能解读学习目标

5.3.1.3 能解读技术要求、工艺要求

5.3.1.4 能协助学生准备工具、材料

5.3.1.5 能提供项目学习参考资料

5.3.1.6 能对项目学习进行引导

5.3.2 布置引导文教学法学习任务

5.3.2.1 能描述学习任务

5.3.2.2 能提出引导问题

5.3.2.3 能提供学习参考资料

5.3.3 布置模拟教学法学习任务

5.3.3.1 能布置模拟设备法学习任务

5.3.3.2 能布置模拟情境法学习任务

5.3.4 布置案例教学法学习任务

5.3.4.1 能布置案例阅读任务

5.3.4.2 能提出案例学习的引导问题

5.3.4.3 能组织案例学习的小组讨论

5.3.4.4 能组织案例学习的集体讨论

5.3.4.5 能组织案例学习的总结评价

5.3.5 布置四阶段教学法学习任务

5.3.5.1 能完成示范一模仿前的准备工作

5.3.5.2 能正确进行示范

5.3.5.3 能指导学生模仿与练习

5.3.5.4 能总结示范一模仿学习

5.4 处理突发事件

5.4.1 处理健康与安全突发事件

5.4.1.1 能检查教学实训场地可能出现的危害源并鉴定其危害程度

5.4.1.2 能制定危害健康和安全的事故处置预案

5.4.1.3 能处理危害健康和安全的突发事故

5.4.2 处理其他突发事件

5.4.2.1 能把握学生个性品质

5.4.2.2 能有效管理教学资源

5.4.2.3 能关注学生的学习表现并进行及时的反馈和调整

5.4.2.4 能有效控制自身的心境、情绪和情感

5.4.2.5 能对不同的突发事件采取不同的处理办法

5.5 指导学生自评、互评

5.5.1 指导学生开展专业能力评价

5.5.1.1 能指导学生开展知识目标达成的自评和互评

5.5.1.2 能指导学生开展技能目标达成的自评和互评

5.5.2 指导学生开展社会能力评价

5.5.2.1 能指导学生开展与人交流能力的自评和互评

5.5.2.2 能指导学生开展团队合作能力的自评和互评

5.5.2.3 能指导学生开展情感态度的自评和互评

5.5.3 指导学生开展方法能力评价

5.5.3.1 能指导学生开展信息处理能力的自评和互评

5.5.3.2 能指导学生开展自我学习能力的自评和互评

5.5.3.3 能指导学生开展解决问题能力的自评和互评

5.5.3.4 能指导学生开展计划能力的自评和互评

5.5.3.5 能指导学生开展创新能力的自评和互评

6 教学评价

6.1 课后反思

6.1.1 教法反思

6.1.1.1 能反思教学计划、教学方案

6.1.1.2 能反思教学准备工作

6.1.1.3 能反思教学进程安排

6.1.1.4 能反思各教学环节

6.1.2 学法反思

6.1.2.1 能反思学生的学习方法

6.1.2.2 能反思学法的指导

6.1.3 教学效果反思

6.1.3.1 能反思专业能力目标的达成

6.1.3.2 能反思社会能力目标的达成

6.1.3.3 能反思方法能力目标的达成

6.1.3.4 能适时调整教学方案,改进教学方法

6.2 确定评价内容

6.2.1 确定专业能力评价内容

6.2.1.1 能确定知识目标评价的内容

6.2.1.2 能确定技能目标评价的内容

6.2.2 确定方法能力评价内容

6.2.2.1 能确定信息处理能力评价的内容

6.2.2.2 能确定自我学习能力评价的内容

6.2.2.3 能确定解决问题能力评价的内容

6.2.2.4 能确定计划能力评价的内容

6.2.2.5 能确定创新能力评价的内容

6.2.3 确定社会能力评价内容

6.2.3.1 能确定交流能力评价的内容

6.2.3.2 能确定团队合作能力评价的内容

6.2.3.3 能确定情感态度评价的内容

6.3 确定评价标准

6.3.1 运用评价标准

6.3.1.1 能选择评价标准

6.3.1.2 能使用评价量规

*6.3.2 制定评价标准

6.3.2.1 能制定整体性评价量规

6.3.2.2 能制定分项评价量规

6.3.2.3 能制定通用评价量规

6.3.2.4 能制定专用评价量规

6.4 确定评价方式、方法

6.4.1 确定专业能力评价方式、方法

6.4.1.1 能确定知识目标评价方式、方法

6.4.1.2 能确定技能目标评价方式、方法

6.4.2 确定方法能力评价方式、方法

6.4.2.1 能确定信息处理能力评价方式、方法

6.4.2.2 能确定自我学习能力评价方式、方法

6.4.2.3 能确定解决问题能力评价方式、方法

6.4.2.4 能确定计划能力评价方式、方法

6.4.2.5 能确定创新能力评价方式、方法

6.4.3 确定社会能力评价方式、方法

6.4.3.1 能确定交流能力评价方式、方法

6.4.3.2 能确定团队合作能力评价方式、方法

6.4.3.3 能确定情感态度评价方式、方法

6.5 评价组织与实施

6.5.1 评价的组织

6.5.1.1 能组织教学评价

*6.5.1.2 能制定教学评价指标体系

6.5.2 评价的实施

6.5.2.1 能选择适合的评价工具

6.5.2.2 能选择适当的评价方法

6.5.2.3 能获取评价信息

6.5.2.4 能做出价值判断

6.6 评价分析

6.6.1 分析评价过程

6.6.1.1 能分析评价内容与评价目标的关联性

6.6.1.2 能分析评价量规的科学性

6.6.1.3 能分析评价方式、方法的合理性

6.6.1.4 能分析评价组织与实施的合理性

6.6.2 分析评价结果

6.6.2.1 能分析评价结果的有效性

6.6.2.2 能分析评价结果的真实性

6.7 反馈调整

6.7.1 教学评价反馈

6.7.1.1　能向学生反馈评价结果

6.7.1.2　能写出评价结果报告

6.7.2　教学调整

6.7.2.1　能根据评价结果改进教法

6.7.2.2　能根据评价结果指导学生改进学法

7　教学指导

*7.1　上示范课

7.1.1　示范教学技能

7.1.1.1　能示范教学语言技能

7.1.1.2　能示范板书板画技能

7.1.1.3　能示范导入技能

7.1.1.4　能示范教态变化技能

7.1.1.5　能示范提问技能

7.1.1.6　能示范反馈技能

7.1.1.7　能示范强化技能

7.1.1.8　能示范结束技能

7.1.2　示范能力目标达成

7.1.2.1　能示范专业能力目标达成方法

7.1.2.2　能示范方法能力目标达成方法

7.1.2.3　能示范社会能力目标达成方法

7.2　说　　课

7.2.1　明确教材

7.2.1.1　能明确教材的地位和作用

7.2.1.2　能明确教学目标及其依据

7.2.1.3　能明确教材的内容特点、重点和难点

7.2.1.4　会处理教材的内容

7.2.2　明确教法

7.2.2.1　能明确教法选择的理由

7.2.2.2　能明确所选教法的运用方式

7.2.2.3　能明确运用所选教法的程序

7.2.3　明确学法

7.2.3.1　能明确教学过程中可能出现的障碍及原因

7.2.3.2　能明确教学过程中学生的学法

7.2.3.3　能明确教学环境和条件的创设

7.2.4　明确教学程序设计

7.2.4.1　能明确学习任务的导入

7.2.4.2　能明确新知识、技能和态度的习得

7.2.4.3　能明确新知识、技能和态度的巩固

7.2.4.4　能明确反馈、调控措施

7.2.4.5　能明确评价方法

7.2.4.6　能明确总结归纳方法

7.2.5 明确效果

7.2.5.1 能明确自我检验的结果

7.2.5.2 能明确自我检验后获得的经验和教训

7.2.5.3 能明确自我检验后的教训与改进措施

7.3 评 课

7.3.1 明确评课的方法与步骤

7.3.1.1 能明确听课基本要求

7.3.1.2 能明确评议的目的、方法和步骤

7.3.1.3 能明确评分的标准

7.3.2 明确评课标准

7.3.2.1 能明确教学目标评价标准

7.3.2.2 能明确教学内容评价标准

7.3.2.3 能明确教学方法评价标准

7.3.2.4 能明确教学手段评价标准

7.3.2.5 能明确教学效果评价标准

7.3.2.6 能明确教师素质评价标准

***7.4 指导参赛**

7.4.1 设计指导方案

7.4.1.1 能设计参赛指导方案

7.4.1.2 能评估参赛指导方案

7.4.2 指导参赛训练

7.4.2.1 能指导学生的专业训练

7.4.2.2 能指导学生的比赛技巧

7.4.2.3 能在训练中强化学生的心理素质

7.4.2.4 能在训练过程中修正指导方案

7.4.3 参赛临场指导

7.4.3.1 能分析参赛心理

7.4.3.2 能疏导参赛心理障碍

7.4.3.3 能指导参赛准备工作

7.4.3.4 能明确参赛注意事项

***7.5 主持精品课建设**

7.5.1 设计精品课程建设方案

7.5.1.1 能明确精品课程建设思路

7.5.1.2 能明确精品课程建设方法

7.5.1.3 能明确精品课程建设模式

7.5.1.4 能制定精品课程建设规划

7.5.2 组织精品课程建设

7.5.2.1 能组建精品课程建设团队

7.5.2.2 能明确课程设置

7.5.2.3 能明确精品课程教学内容

7.5.2.4 能确定教学方法与手段

7.5.2.5　能组织完善实践教学设施与环境

7.5.2.6　能组织精品课程研究

7.6　组织实习与实训活动

7.6.1　设计实习与实训方案

7.6.1.1　能设计实习与实训方案

7.6.1.2　能评估实习与实训方案

7.6.2　开展实习与实训活动

7.6.2.1　能按方案指导实习与实训

7.6.2.2　能在指导过程中修正实习与实训方案

7.6.2.3　能评价实习与实训活动

***7.7　指导青年教师**

7.7.1　指导青年教师基本素养

7.7.1.1　能指导道德素养的养成

7.7.1.2　能指导能力素养的养成

7.7.2　指导青年教师的技能

7.7.2.1　能指导青年教师的教学技能

7.7.2.2　能指导青年教师的说课技能

7.7.2.3　能指导青年教师的听课评课技能

7.7.2.4　能指导课程资源开发和利用技能

***8　教学研究**

8.1　提出教研课题、立项

8.1.1　确定教改研究课题

8.1.1.1　能明确教改研究课题选择原则

8.1.1.2　能查阅教改研究文献

8.1.2　设计教改研究方案

8.1.2.1　能提出教改研究假设

8.1.2.2　能选择教改研究方法

8.1.2.3　能制定教改研究程序

8.1.2.4　能预测教改研究成果

8.2　组织开展教改研究活动

8.2.1　实施教改研究活动

8.2.1.1　会收集教改研究资料和数据

8.2.1.2　会分析处理教改研究资料和数据

8.2.1.3　会调整和补救随机因素的影响

8.2.2　总结教改研究结论

8.2.2.1　能做出教改研究结论

8.2.2.2　能解释教改研究结果

8.3　撰写研究报告

8.3.1　明确教改研究报告的规范

8.3.1.1　明确教改研究报告的体例

8.3.1.2　明确教改研究报告的要求

8.3.2 总结教改研究报告

8.3.2.1 能总结教改研究过程

8.3.2.2 能分析总结教改研究资料和数据

8.3.2.3 能总结教改研究结论

8.4 应用研究成果

8.4.1 教改研究成果的验证与修正

8.4.1.1 能验证教改研究成果

8.4.1.2 能完善修正教改研究结论

8.4.2 教改研究成果的应用推广

8.4.2.1 能应用教改研究成果

8.4.2.2 能推广教改研究成果

***8.5 撰写论文**

8.5.1 明确论文撰写准备工作

8.5.1.1 能确定教改研究得出的规律

8.5.1.2 能确认教改研究结论

8.5.2 明确论文的撰写方法

8.5.2.1 能明确教改研究论文的结构

8.5.2.2 能正确使用表述语言

8.5.2.3 能修改润色论文

8.5.3 论文的投稿

8.5.3.1 能检查稿件

8.5.3.2 能选择投稿期刊

***9 教学改革**

9.1 现状调研与评价

9.1.1 调研教学现状

9.1.1.1 能确定教学现状调研方法

9.1.1.2 能设计教学现状调研工具

9.1.1.3 能开展教学现状调研工作

9.1.2 评价教学现状

9.1.2.1 能统计教学现状调研数据

9.1.2.2 能分析教学现状调研数据

9.1.2.3 能得出教学现状调研结论

9.2 提出教改方案

9.2.1 提出教改目标与思路

9.2.1.1 能提出教改目标

9.2.1.2 能提出教改思路

9.2.2 提出教改内容

9.2.2.1 能确定教改课题

9.2.2.2 能提出培养模式改革方案

9.2.2.3 能提出课程体系改革方案

9.2.2.4 能提出课程内容改革方案

9.2.2.5 能提出教学方法改革方案

9.2.2.6 能提出教学手段改革方案

9.2.2.7 能提出教学评价改革方案

9.2.2.8 能提出教材建设方案

9.2.2.9 能提出教学实施环境建设方案

9.2.3 提出教改措施

9.2.3.1 能提出教改实施技术路线

9.2.3.2 能提出教改实施保障措施

9.3 组织实施教改方案

9.3.1 组织教改方案的实施

9.3.1.1 能制定实施计划

9.3.1.2 能组建实施队伍

9.3.1.3 能分析和掌握团队成员的能力特点

9.3.1.4 能根据团队成员的能力特点对工作进行合理分工

9.3.1.5 能搭建团队成员交流沟通的平台

9.3.2 实施教改方案

9.3.2.1 能明确教改的内容

9.3.2.2 能明确教改的方法

9.3.2.3 能明确教改的步骤

9.3.2.4 能按教改方案实施教改活动

9.3.2.5 能在实施过程中修正调整教改方案

9.4 评价教改效果

9.4.1 制定评价标准体系

9.4.1.1 能制定评价指标体系

9.4.1.2 能制定评价标准

9.4.2 评价组织与实施

9.4.2.1 能组织评价活动

9.4.2.2 能获取评价信息

9.4.2.3 能做出价值判断

9.4.3 评价分析

9.4.3.1 能分析评价标准体系

9.4.3.2 能分析评价结果的有效性

9.4.3.3 能分析评价结果的真实性

9.4.4 反馈调整

9.4.4.1 能写出评价报告

9.4.4.2 能根据评价结果提出建议

中等职业学校电力机车运用与检修专业教师培训方案

上岗层级教师培训方案

一、培训目的

以国务院关于大力发展职业教育的决定以及教育部、财政部“中等职业学校教师素质提高计划”为指导，努力改善中等职业学校电力机车运用与检修专业教学工作，显著提高教师的业务能力、学术水平，努力建设一支高素质的教师队伍。通过培训，使接受培训的教师的政治思想和职业道德水准、专业知识与专业技能、学术水平和教育教学能力等综合素质有显著提高，使之成为一名中等职业学校电力机车运用与检修专业的合格教师。

二、培训对象

学历达标，已获得教师资格证；刚从大学毕业，或从文化课和其他相近专业转岗的教师，并且未从事过本专业理论、实验实训教学。

三、培训目标

1. 初步了解职业教育本质特点，了解实际的职业及职业规章。

2. 掌握基本教学技能，能在老教师的帮助下独立完成特定教学内容的教学。能基本把握课堂的节奏，独立应对课堂中出现的各种突发状况。

3. 了解基本教学方法，掌握一到两种教学方法实施教学，能够应用基本的教学媒体。

4. 培养基本的操作技能。

四、培训模式

培训采取基地培训、企业实践、校本培训相结合的形式，主要由专业实践能力培训、教育教学能力培训、企业实践等三部分组成。培训教学针对职业教育教学特点，注重发挥学员在培训活动中的主体作用，突出能力本位，以“工作任务”为线索，创设工作情景，提高学员的实践动手能力。同时，通过教学特点分析、现代职业教育教学方法分析、模拟教学、交流研讨、专家讲座、企业实践等培训环节提高学员的综合职业能力。

五、培训内容与学时安排

培训内容采用预设与应答相结合的方式，学员可以根据预设的培训模块选择培训包 1、培训包 2 或培训包 3 开展培训学习活动。预设的培训模块与模块学时见表 1，培训包（基地培训)方案、学时与学分见表2。

表1　模块内容与学时

模块类别	模块编码	模块主要内容	模块学时	学分	备注
专业实践能力模块	A1	检修电力机车机械	44	2	基地培训
	A2	检修电力机车电机	36	2	
	A3	检修电力机车电器	42	2	
	A4	职业发展、劳动组织分析与“四新”知识讲座	8	—	
小　计(学分按最低要求计)				4	
教育教学能力模块	B1	电力机车运用与检修专业教学特点分析、行动导向教学方案设计、行动导向教学实践	60	3	基地培训
	B2	公共教育教学能力模块：职业道德	20	1	校本培训
		职业教育学	30	1.5	
		现代教育技术	40	2	
		职业教育心理学	30	1.5	
	B3	专家讲座(职业教育教学研究最新成果)	8	—	基地培训
小　计				9	
企业实践模块	C1	检修电力机车机械	80	4	基地培训
	C2	检修电力机车电机	72	4	
	C3	检修电力机车电器	80	4	
	C4	企业调研	16	1	
小　计(学分按最低要求计)				9	
合　计(学分按最低要求计)				22	

表2　培训包方案、学时与学分(基地培训)

培训包	模块编码	学时				学分
		专业能力模块	教学能力模块	企业实践模块	总学时	
培训包1	A1、A2、A4、B1、B3、C1、C2、C4	88	68	168	324	16
培训包2	A1、A3、A4、B1、B3、C1、C3、C4	94	68	176	338	16
培训包3	A2、A3、A4、B1、B3、C2、C3、C4	86	68	168	322	16

六、培训学分与证书

经培训学习，考核合格，修满22个学分后，可以取得本专业职教师资培训合格证书，成为本专业合格教师。

教师已取得的职业技能资格证书可与培训模块中的专业实践能力培训模块(含企业实践模块)等价、互认。学员每取得1个本专业中级工职业技能证书计2个学分的专业实践能力培训学分；每取得1个本专业高级工职业技能证书计4个学分的专业实践能力培训学分；每取得1个本专业技师职业技能证书计6个学分的专业实践能力培训学分；每取得1个本专业高级

技师职业技能证书计 8 个学分的专业实践能力培训学分。

七、培训教学标准

(一)专业实践能力模块

1. 模块性质与设计思路

专业实践能力模块是教师上岗培训的主要模块之一，是为提高上岗教师检修电力机车机械、检修电力机车电机和检修电力机车电器实践技能、专业知识和行动导向教学能力而设置。教学主要围绕项目实施，按要掌握的任务要领，开展相关专业知识的学习和技能训练。

本模块培训教学标准的总体设计思路：打破传统的学科体系课程设置模式，按职业活动导向的培训课程，围绕完成工作任务的需要来选择培训内容，设置培训学习领域；从“工作任务与教师专业能力”分析出发，设定培训目标；以工作任务为主线，创设工作情景，提高教师的实践动手能力。

本模块培训教学为了充分体现任务引领、工作过程导向的思想，将教学活动分解设计成互相联系的若干项目，主要以项目为单位组织教学，并以设备为载体，按项目实施的顺序逐步展开，学员在掌握技能的同时，引出相关专业理论知识，使学员在理实一体化的学习过程中加深对专业知识、技能的理解和应用，以提高学员的专业能力。

2. 模块目标

通过本模块的学习与相关技能训练，使上岗教师进一步明确本专业核心课程内容与基本要求，培养专业核心课程所体现的国家职业标准中的相关职业能力，掌握相关项目实作技能，提高专业教师实践动手能力，达到能够指导学生开展电力机车机械检修训练或电力机车电机电器检修训练的水平。

专业能力目标包括：

- 能检修机车车体
- 能检修机车转向架
- 能检修牵引传动与电机悬挂装置
- 能检修牵引缓冲装置
- 能检修牵引电动机
- 能检修主变压器
- 能检修电力机车常用电器
- 明确本专业职业发展与劳动组织关系

3. 模块内容和教学活动设计(见表 3)

表 3 专业能力模块内容和教学活动设计

模块编码	模块名称	学习任务	活 动 设 计	参考学时
A1	检修电力机车机械	检修机车车体	● 在实训场采用机车与多媒体演示相结合的方式识别电力机车的主要机械结构 ● 录像教学：拆装、调整前窗、侧窗、车体侧墙百叶窗；检查车体质量 ● 在实训场设置工作现场，拆装、调整车体侧墙百叶窗	8

续上表

模块编码	模块名称	学习任务	活动设计	参考学时
A1	检修电力机车机械	检修机车转向架	●在实训场中,设置工作现场,对转向架进行零部件拆装、检修训练 ●采用多媒体演示等方式,识别不同转向架的结构、零部件的配置 ●录像教学:转向架故障诊断与排除	18
		检修牵引传动与电机悬挂装置	●在实训场中,设置工作现场,对牵引传动与电机悬挂装置零部件进行拆装、检修训练 ●采用多媒体演示等方式,识别新型电力机车牵引传动与电机悬挂装置的结构、零部件的配置	10
		检修牵引缓冲装置	●在实训场中,设置工作现场,对牵引传动与电机悬挂装置零部件进行拆装、检修训练 ●采用多媒体演示等方式,识别新型电力机车牵引缓冲装置的结构、零部件的配置	8
A2	检修电力机车电机	检修脉流牵引电动机	●在实训室中,设置工作现场,对脉流牵引电动机进行检修训练	12
		检修三相交流牵引电动机	●在实训室中,设置工作现场,对三相交流牵引电动机进行检修训练	16
		检修主变压器	●在实训室中,设置工作现场,对主变压器进行检修训练	8
A3	检修电力机车电器	检修受电弓	●在实训室中,设置工作现场,对受电弓进行维护、测试、调整、试验、故障处理训练 ●采用多媒体演示等方式,识别新型受电弓的结构、零部件的配置	16
		检查真空断路器	●采用录像或多媒体课件,学习真空断路器的维护和检查方法	4
		检修位置转换开关	●在实训室中,设置工作现场,对位置转换开关进行维护、故障判断与检修训练	6
		检修司机控制器	●在实训室中,设置工作现场,对司机控制器进行维护、检修训练	6
		检修接触器	●在实训室中,设置工作现场,对接触器进行动作参数测量、调整、动作性能测试和检修训练	4
		检测继电器	●在实训室中,设置工作现场,对继电器进行动作参数测量、调整、动作性能测试训练	2
		检修高压隔离开关	●在实训室中,设置工作现场,对高压隔离开关进行解体、检修、组装和维护训练	4
A4	专家讲座	职业发展、劳动组织分析与"四新"知识讲座		8
培训学时		培训包1(A1、A2、A4)		88
		培训包2(A1、A3、A4)		94
		培训包3(A2、A3、A4)		86

4. 实施建议

(1)教学方法

①在教学过程中,建议采用行动导向教学方法,立足于加强学员实际操作能力的培养。

②本模块教学的关键是现场教学,设备为载体。在教学过程中,教师示范和学员分组操作

训练要互动，让学员在“教”与“学”互动过程中，提高电力机车检修的知识和能力。

③在教学过程中，要创设工作情景，同时应加大实践实操的容量，在实践实操过程中掌握电力机车检修技能，提高学员的专业能力。

④在教学过程中，要应用录像带、多媒体仿真软件等教学资源辅助教学，帮助学员理解新型电力机车机械、电机和电器的结构和工作特点。

⑤在教学过程中，要重视新技术、新工艺、新设备和新材料的发展趋势，贴近生产现场。

⑥要注重教学活动从信息的单向传递向双向和多向交流转变；学员单独学习向合作学习转变。

(2)教学评价建议

①评价内容应该包括理论知识、专业实践技能、平时作业与出勤等诸要素。

②采用阶段评价、目标评价、项目评价、理论与实践一体化的评价模式。

③应注重学员动手能力和实践中分析问题、解决问题能力的考核，对在学习和应用中有创新的学员应予特别鼓励，全面综合评价学员能力。

(3)课程资源的开发和应用

①注重电力机车检修规程等资料的应用。

②注重挂图、幻灯片、投影片、录像带、视听光盘、教学仪器、多媒体仿真软件等常用课程资源和现代化教学资源的开发和利用。

③积极开发和利用网络课程资源，充分利用诸如电子书籍、电子期刊、数据库、数字图书馆、教育网站和电子论坛等网上信息资源，使教学从单一媒体向多种媒体转变。

④充分利用电力机车运用与检修企业的资源，进行产学合作。

(二)教学能力模块

1. 模块性质与设计思路

教学能力模块是教师上岗培训的主要模块之一，是为提高上岗教师教学能力而设置。教学主要围绕职业教育教学设计而开展，按要掌握的教学设计技能，开展职业教育教学法知识学习和实践训练。

本模块培训教学标准的总体设计思路：以职业教育学、职业教育心理学基本理论为指导，以电力机车运用与检修专业现代职业教育教学设计为主线，以如何开展任务引领、实践导向，围绕完成工作任务的需要开展教学活动为主要培训内容，采用互动探究式的教学方式，使本模块教学呈现出问题探究、开放自主、合作互动的特点。

2. 模块目标

通过教学设计的学习与相关教学实践活动，使上岗教师明确本专业任务引领、实践导向课程的教学设计模式、教学方法、教学技能和学业成就的评价方法，熟练掌握行动导向教学技能，提高专业教师教学能力，达到能够单独开展行动导向教学的水平。

教学能力培养目标包括：

- 能解读行业职业能力标准、教学指导方案和教学大纲
- 能设计行动导向的教学方案
- 能选择合适的教学策略进行教学活动
- 能选择合适的评价工具，实施学业成就评价
- 能对学生开展职业道德教育
- 能在教学中运用现代教育技术和职业教育学、职业教育心理学基本理论

3. 模块内容和教学活动设计(见表 4)

表 4　教学能力模块内容和教学活动设计

模块编码	模块名称	学习任务		活动设计	参考学时
B1	现代职业教育教学设计	培养方案、课程标准与职业能力相关性分析		● 教师解析职业活动导向课程理论 ● 教师引导学员讨论《中等职业学校电力机车运用与检修专业教学指导方案》、《中等职业学校电力机车运用与检修专业教学大纲》与电力机车运用与检修职业能力的相关性 ● 教师引导学员探究职业活动导向的电力机车运用与检修专业课程标准的设计思路、课程目标、课程内容和要求、实施建议	4
		教学特点分析	教学设计模式分析	● 教师解析以教为主的教学设计模式、以学为主的教学系统设计、“主导一主体”教学设计和行动导向教学设计模式	2
			教学目标的确立	● 发放电力机车机械钳工、电力机车电工国家职业标准,学员分组讨论、交流电力机车机械检修、电机检修、电器检修的课程教学目标,提交讨论结果后,由教师组织小组间的交流互评 ● 教师主持,学员按三因素法、两步法、四因素法以小组的方式讨论、交流并制定电力机车运用与检修某教学单元和单节教学的专业能力、学习能力和方法能力目标,提交结果后,由教师组织小组间的交流互评	4
			学习者分析	● 教师解析学习者分析的主要内容:中职学生的智力类型、中职学生的一般特征、电力机车运用与检修专业中职学生的初始能力分析、电力机车运用与检修专业中职学生初始能力确定与测量、电力机车运用与检修专业学生特征分析 ● 教师主持,采用头脑风暴法,研究实践导向的本专业学生学习问卷、学习途径调查问卷的设计要点 ● 学员两人一组,通过互相测量对方学习风格的方式,练习坎菲尔德学习风格量表的使用与分析	4
			学习内容分析	● 教师通过示例,分析归类分析法、图解分析法、层级分析法、信息加工分析法等学习内容分析方法 ● 学员自由组合成若干小组,以中职本专业某教学内容为例,对知识学习、技能学习、态度养成和模仿、整合训练内容等进行分析,并提交讨论结果 ● 教师主持,小组间交流讨论结果	6
			教学情境的创设	● 教师解析不同教学媒体的作用、教学媒体选择的原则、选择程序、选择教学媒体时应注意的问题 ● 教师解析物理维度的教学情境、心理维度的教学情境的含义,任务情境的作用,教学情境创设原则,教学情境创设的具体方法 ● 学员分组合作,制定以电力机车运用与检修企业工作区域为参照布局教学情境、电力机车运用与检修设施情境创设、电力机车运用与检修岗位作业情境创设、铁路机务段企业管理情境创设、铁路机务段企业文化情境创设的方案 ● 教师主持交流互评	4
			教学方法选择	● 教师选择头脑风暴法教学案例,以案例教学的方式与学员共同探究头脑风暴教学法的网络展示图、头脑风暴法的适用场合、头脑风暴法的实施过程、运用头脑风暴法应注意的事项 ● 教师选择角色扮演教学案例,以案例教学的方式与学员共同探究角色扮演教学法的内涵、教学保障条件、角色扮演法的教学程序 ● 教师选择张贴板教学法教学案例,以案例教学的方式与学员共同探究张贴板教学法的适用范围及特点、贴板教学法的主要工具、张贴板教学法的实施过程	

续上表

<table>
<tr><th>模块编码</th><th>模块名称</th><th colspan="2">学习任务</th><th>活动设计</th><th>参考学时</th></tr>
<tr><td rowspan="4">B1</td><td rowspan="4">现代职业教育教学设计</td><td rowspan="2">教学特点分析</td><td>教学方法选择</td><td>● 教师选择案例教学法典型案例，与学员共同探究案例教学的内涵、案例教学的实施过程
● 教师以电力机车一次乘务作业过程为例，与学员共同探究设备模拟教学、情境模拟教学的过程
● 教师选择四阶段教学法教学案例，以案例教学的方式与学员共同探究四阶段教学法的准备、教师示范、学生模仿、练习与总结的过程
● 教师选择项目教学法教学案例，以案例教学的方式与学员共同探究项目教学的含义、项目教学应满足的条件、项目教学法的实施
● 教师选择引导文教学法教学案例，以案例教学的方式与学员共同探究引导课文教学法的原则、引导课文的构成、引导文教学法的实施过程</td><td>10</td></tr>
<tr><td>学业成就的评价</td><td>● 教师解析能力本位评价方法、真实性评价方法、多元化教学评价的过程和多元化教学评价体系的建构方法
● 学员分组设计电力机车运用与检修专业能力本位评价表，教师主持交流互评
● 学员分组设计整体性评价量规、分项性评价量规、通用评价量规、专用评价量规，教师主持交流互评</td><td>6</td></tr>
<tr><td colspan="2">设计教学方案</td><td>● 学员自由组合成若干小组，每小组选择电力机车机械检修或电机电器检修某教学内容并设计行动导向单节教学方案 1 个(课外完成)，由教师主持交流、互评</td><td>4</td></tr>
<tr><td colspan="2">教学实践</td><td>● 在实训室设置教学现场，开展行动导向教学说课，教师和学员共同评课的互动式教学实践活动</td><td>16</td></tr>
<tr><td rowspan="4">B2</td><td rowspan="4">教育类公共模块</td><td colspan="2">职业道德</td><td>主要学习内容：职业道德基本观念、职业道德与企业发展、职业道德与个人自身发展、职业道德基本规范、职业道德修养</td><td>20</td></tr>
<tr><td colspan="2">职业教育学</td><td>主要学习内容：职业教育的发展、职业教育目的与制度、专业与课程、教学理念、教学模式、教学实践、职业培训以及职业教育研究论</td><td>30</td></tr>
<tr><td colspan="2">现代教育技术</td><td>主要学习内容：视听媒体辅助教学、多媒体计算机辅助教学、因特网教育资源利用、现代远程教育、现代教育技术环境</td><td>40</td></tr>
<tr><td colspan="2">职业教育心理学</td><td>主要学习内容：职业技能学习的过程与策略、学习动机的调动、教学的基本程序与策略、职业素质的考核与评价、职业技术学校的职业指导、教师的教学交往技能训练、职业技术教育与个人职业发展</td><td>30</td></tr>
<tr><td>B3</td><td>专家讲座</td><td colspan="3">专业现状和发展前景、职业教育教学研究最新成果</td><td>8</td></tr>
<tr><td colspan="5">培训学时(含校本培训)</td><td>188</td></tr>
</table>

4. 实施建议

(1)教学方法

①在教学过程中，采用互动探究式教学方式，使本模块教学呈现出问题探究、开放自主、合作互动的特点。

②在教学过程中，要注意加大教师与学员、学员与学员互动的容量，为学员搭建互相交流、互相学习和提高的平台。

③在教学过程中，要应用多媒体、投影等教学资源辅助教学，以提高教学效率。

④要注重教学活动从信息的单向传递向双向和多向交流转变；学员单独学习向合作学习转变。

(2)教学评价建议

①评价内容应该包括理论知识、教案与试讲、平时作业与出勤等诸要素。

②采用阶段评价，目标评价的评价模式。

③应注重学员设计教学方案、实施教学、开展教学评价等工作能力的考核，全面综合评价学员的教学能力。

(3)课程资源的开发和应用

①注重职业教育教学改革方面的文献的应用。

②注重常用课程资源和现代化教学资源的开发和利用。

③积极开发和利用网络资源，充分利用诸如电子书籍、电子期刊、数据库、数字图书馆、教育网站和电子论坛等网上信息资源，使教学从单一媒体向多种媒体转变。

(三)企业实践模块

1. 模块性质与设计思路

本模块是教师上岗培训实践性教学模块，是为进一步提高上岗教师检修电力机车机械、电机和电器的技能及熟悉电力机车运用与检修企业工作任务而设置。企业实践教学主要围绕企业生产而实施。

本模块培训教学标准的总体设计思路：通过企业实践教学，使上岗教师熟悉企业工作任务，提高电力机车机械、电机、电器的检修能力，以便顺利开展职业活动导向的职业教育教学改革。

2. 模块目标

通过企业实践教学，使上岗教师熟悉企业工作任务；掌握电力机车运用与检修企业(铁路机务段)检修电力机车机械、检修电力机车电机、电器的作业内容、作业方法、作业过程和作业标准，进一步提高检修技能；了解检修电力机车制动装置、电气控制装置和电力机车乘务工作的作业内容、作业过程。

企业实践能力目标包括：

- 能说出电力机车运用与检修企业的主要工作任务
- 能检修电力机车机械
- 能检修电力机车电机、电器
- 能说出检修电力机车制动装置的作业内容、作业过程
- 能说出检修电力机车电气控制装置的作业内容、作业过程
- 能说出电力机车乘务工作的作业内容、作业过程

3. 模块内容和实践活动设计(见表5)

4. 实施建议

(1)教学方法

①检修电力机车机械、检修电力机车电机、电器企业实践教学采用企业导师制，在企业导师的指导下顶岗实习。

②企业调研的主要内容为检修电力机车电气控制装置、电力机车制动装置及电力机车乘务作业，可采用听取介绍、自主调研、见习等形式。

表 5 企业实践模块内容和实践活动设计

模块编码	模块名称	活动设计	参考学时
C1	检修电力机车机械	● 在电力机车检修车间完成 ● 聘电力机车机械钳工技师、高级技师为导师,在导师的指导下顶岗实习 ● 教师巡回指导并负责过程管理	80
C2	检修电力机车电机	● 在电力机车检修车间完成 ● 聘电力机车检修企业电机检修技师、高级技师为导师,在导师的指导下顶岗实习 ● 教师巡回指导并负责过程管理	72
C3	检修电力机车电器	● 在电力机车检修车间完成 ● 聘电力机车检修企业电器检修技师、高级技师为导师,在导师的指导下顶岗实习 ● 教师巡回指导并负责过程管理	80
C4	企业调研	检修车间 ● 由电力机车检修车间电工工班长介绍检修电气控制装置的作业内容、作业过程 ● 由电力机车检修车间制动钳工工班长介绍制动钳工的作业内容、作业过程 运用车间 ● 由电力机车运用车间乘务指导介绍乘务作业的作业内容、作业过程后,学员自主调研 ● 聘电力机车司机为导师,学员见习乘务作业 ● 教师负责过程管理	16
培训学时		培训包 1(C1、C2、C4)	168
		培训包 2(C1、C3、C4)	176
		培训包 3(C2、C3、C4)	168

(2)教学评价建议

①采用阶段评价、目标评价、企业导师评价、教师评价相结合的评价模式,考核要特别注意平时的考勤。

②应注重学员动手能力和实践中分析问题、解决问题能力的考核,对在学习和应用中有创新的学员应予特别鼓励,全面综合评价学员能力。

提高层级教师培训方案

一、培训目的

以国务院关于大力发展职业教育的决定以及教育部、财政部“中等职业学校教师素质提高计划”为指导，努力改善中等职业学校电力机车运用与检修专业教学工作，显著提高教师的业务能力、学术水平，努力建设一支高素质的教师队伍。通过培训，使接受培训的教师的政治思想和职业道德水准、专业知识与专业技能、学术水平和教育教学能力等综合素质有显著提高，使之具有较高素质、较高水平，具有终身学习能力和教育创造能力，并努力迈进中等职业学校电力机车运用与检修专业骨干教师行列。

二、培训对象

中等职业学校电力机车运用与检修专业的合格教师，希望通过培训提高水平与能力，向骨干教师目标努力的教师。

三、培训目标

1. 基本把握职业教育本质特点，理解职业教育与其他相关学科关联。

2. 能根据需要选取教学内容，并独立保质保量完成教学活动。能够进行教学计划的具体设计、实施与评价以及教学资料、媒体、专业实验室及实训场所的分析应用。

3. 理解专业教学法的内涵，掌握各种专业教学方法。

4. 掌握职业分析方法，能够运用工作分析方法对具体岗位和工作过程进行分析；能够通过分析获取技术工人所需的知识、技能。

5. 培养较熟练的操作技能。

四、培训模式

培训采取基地培训、企业实践、校本培训相结合的形式，主要由专业实践能力培训、教育教学能力培训、企业实践等三部分组成。培训教学针对职业教育教学特点，注重发挥学员在培训活动中的主体作用，突出能力本位，以“工作任务”为线索，创设工作情景，提高学员的实践动手能力。同时，通过课程设计分析、教学设计分析、模拟教学、交流研讨、专家讲座、企业实践等培训环节提高学员的综合职业能力。

五、培训内容与学时安排

培训内容采用预设与应答相结合的方式，学员可以根据预设的学习模块选择 6 个培训包中的 1 个开展培训学习活动。预设的培训模块与模块学时见表 6，培训包(基地培训)方案、学时与学分见表 7。

表 6　模块内容与学时

模块类别	模块编码	模块主要内容		模块学时	学分	备注
专业实践能力模块	A1	检修电力机车机械		40	2	基地培训
	A2	检修电力机车电机		36	2	
	A3	检修电力机车电器		40	2	
	A4	运用与检修电力机车、城轨车辆制动装置		62	3	
	A5	运用与检修电力机车、城轨车辆电气控制装置		68	3	
	A6	职业发展、劳动组织分析与“四新”知识讲座		8	—	
小　计（学分按最低要求计）					5	
教育教学能力模块	B1	电力机车运用与检修专业职业活动导向课程标准设计、教学特点分析、行动导向教学设计、行动导向教学实践、教学材料开发、教改论文撰写		74	4	基地培训
	B2	公共教育教学能力模块	职业道德	20	1	校本培训
			职业教育学	30	1.5	
			现代教育技术	40	2	
			职业教育心理学	30	1.5	
	B3	专家讲座（职业教育教学研究最新成果）		8	—	基地培训
小　计					10	
企业实践模块	C1	检修电力机车机械		48	2	基地培训
	C2	检修电力机车电机		36	2	
	C3	检修电力机车电器		48	2	
	C4	运用与检修电力机车制动装置		64	3	
	C5	运用与检修电力机车电气控制装置		64	3	
	C6	企业调研		16	1	
小　计（学分按最低要求计）					6	
合　计（学分按最低要求计）					21	

表 7　培训包方案、学时与学分（基地培训）

培训包	模块编码	学　时				
		专业能力模块	教学能力模块	企业实践模块	总学时	学分
培训包 1	A1、A4、A6、B1、B3、C1、C4、C6	110	82	128	320	15
培训包 2	A1、A5、A6、B1、B2、B3、C1、C5、C6	116	82	128	326	15
培训包 3	A2、A4、A6、B1、B3、C2、C4、C6	106	82	116	304	15
培训包 4	A2、A5、A6、B1、B3、C2、C5、C6	112	82	116	310	15
培训包 5	A3、A4、A6、B1、C3、C4、C6	110	82	128	320	15
培训包 6	A3、A5、A6、B1、C3、C5、C6	116	82	128	326	15

六、培训学分与证书

教师经培训学习，考核合格，修满21个学分后，可以取得本专业提高层级职教师资培训合格证书并可参加骨干层级的师资培训。

教师已取得的职业技能资格证书可与培训模块中的专业实践能力培训模块(含企业实践模块)等价、互认。学员每取得1个本专业中级工职业技能证书计2个学分的专业实践能力培训学分；每取得1个本专业高级工职业技能证书计4个学分的专业实践能力培训学分；每取得1个本专业技师职业技能证书计6个学分的专业实践能力培训学分；每取得1个本专业高级技师职业技能证书计8个学分的专业实践能力培训学分。

七、培训教学标准

(一)专业实践能力模块

1. 模块性质与设计思路

专业实践能力模块是提高层级教师培训的主要模块之一，是为提高层级教师运用与检修电力机车和城市轨道交通车辆制动装置、电力机车和城市轨道交通车辆电气控制装置等实践技能、专业知识和行动导向教学能力而设置。教学主要围绕项目实施，按要掌握的任务要领，开展相关专业知识的学习和技能操作。

本模块培训教学标准的总体设计思路：打破传统的学科体系课程设置模式，按职业活动导向的培训课程，围绕完成工作任务的需要来选择培训内容，设置培训学习领域；从“工作任务与教师专业能力”分析出发，设定培训目标；以工作任务为主线，创设工作情景，提高教师的实践动手能力。

本模块培训教学为了充分体现任务引领、职业活动导向的思想，将教学活动分解设计成互相联系的若干项目，主要以项目为单位组织教学，并以设备为载体，按项目实施的顺序逐步展开，学员在掌握技能的同时，引出相关专业理论知识，使学员在技能训练过程中加深对专业知识、技能的理解和应用，以提高学员的综合职业能力。

2. 模块目标

通过本模块的学习与相关技能训练，使提高层级教师进一步明确本专业核心课程内容与基本要求，培养专业核心课程所体现的国家职业标准中的相关职业能力，熟练掌握相关项目实作技能，提高专业教师实践动手能力，达到能够指导学生检修电力机车的水平。

专业能力目标包括：

- 能检修机车机械装置
- 能检修电力机车电机
- 能检修电力机车常用电器
- 能检修电力机车风源系统
- 能检修基础制动装置
- 能检修机车制动部件
- 会操作与试验电空制动机
- 会处理电空制动机故障
- 会判断处理电力机车电路故障

- 会判断处理机车微机控制系统故障
- 会电力机车高、低压试验
- 会检查、维护与保养城市轨道交通车辆制动装置
- 会检查、维护与保养城市轨道交通车辆电气装置
- 明确本专业职业发展与劳动组织关系

3. 模块内容和教学活动设计(见表 8)

表 8　专业能力模块内容和教学活动设计

模块编码	模块名称	学习任务	活动设计	参考学时
A1	检修电力机车机械	检修机车车体	● 录像教学:拆装、调整前窗、侧窗、车体侧墙百叶窗;检查车体质量 ● 在实训场设置工作现场,拆装、调整车体侧墙百叶窗	6
		检修机车转向架	● 在实训场中,设置工作现场,对转向架进行零部件拆装、检修训练 ● 录像教学:转向架故障诊断与排除	16
		检修牵引传动与电机悬挂装置	● 在实训场中,设置工作现场,对牵引传动与电机悬挂装置零部件进行拆装、检修训练 ● 采用多媒体演示等方式,识别新型电力机车牵引传动与电机悬挂装置的结构、零部件的配置	10
		检修牵引缓冲装置	● 在实训场中,设置工作现场,对牵引传动与电机悬挂装置零部件进行拆装、检修训练 ● 采用多媒体演示等方式,识别新型电力机车牵引缓冲装置的结构、零部件的配置	8
A2	检修电力机车电机	检修脉流牵引电动机	● 在实训室中,设置工作现场,对脉流牵引电动机进行检修训练	12
		检修三相交流牵引电动机	● 在实训室中,设置工作现场,对三相交流牵引电动机进行检修训练	18
		检修主变压器	● 在实训室中,设置工作现场,对主变压器进行检修训练	6
A3	检修电力机车电器	检修受电弓	● 在实训室中,设置工作现场,对受电弓进行维护、测试、调整、试验、故障处理训练 ● 采用多媒体演示等方式,识别新型受电弓的结构、零部件的配置	16
		检查真空断路器	● 采用录像或多媒体课件,学习真空断路器的维护和检查方法	4
		检修位置转换开关	● 在实训室中,设置工作现场,对位置转换开关进行维护、故障判断与检修训练	6
		检修司机控制器	● 在实训室中,设置工作现场,对司机控制器进行维护、检修训练	6
		检修高压隔离开关	● 在实训室中,设置工作现场,对高压隔离开关进行解体、检修、组装和维护训练	4
		检修接触器、继电器	● 在实训室中,设置工作现场,对接触器和继电器进行动作参数测量、调整、动作性能测试和检修训练	4

续上表

模块编码	模块名称	学习任务	活动设计	参考学时
A4	运用与检修电力机车与城轨车辆制动装置	检修电力机车风源系统	● 在实训场采用机车风源系统与多媒体演示相结合的方式识别电力机车制动机的风源系统 ● 在实训场，设置工作现场，对螺杆式空气压缩机进行检修训练	4
		检修基础制动装置	● 在实训场，设置工作现场，对单缸制动器进行分解、检修、组装、故障判断处理训练	4
		检修机车制动部件	● 在实训场，设置工作现场，对机车分配阀、空气制动阀、中继阀、电空阀、紧急阀、重联阀进行分解、检修、组装、试验与故障处理训练 ● 采用多媒体演示等方式，结合制动部件实物，识别制动部件的结构、并掌握其作用及控制关系	14
		DK-1 型电空制动机的操作与试验验收	● 在实训场，设置工作现场，对 DK-1 型电空制动机进行操作、试验验收训练 ● 采用多媒体演示等方式，结合 DK-1 型电空制动机，掌握电空制动控制机的综合作用、电空位转换空气位的方法及要求	8
		处理 DK-1 型电空制动机故障	● 采用多媒体演示等方式，掌握制动机使用中各种故障的判断处理方法 ● 在实训场，设置工作现场，对 DK-1 型电空制动机进行故障判断处理训练	12
		检查维护与保养城轨车辆制动装置	● 采用多媒体等方式，学习城市轨道交通车辆制动装置的组成、原理 ● 采用课件或录像学习城市轨道交通车辆制动装置的检查、维护和保养	20
A5	运用与检修电力机车电气控制装置	判断处理电力机车主电路故障	● 采用多媒体演示等方式，掌握电力机车主电路的组成及工作原理 ● 在实训室，设置工作现场，对主电路进行故障判断处理训练	4
		判断处理电力机车辅助电路故障	● 采用多媒体演示等方式，掌握电力机车辅助电路的组成及工作原理 ● 在实训室，设置工作现场，对辅助电路进行故障判断处理训练	4
		判断处理电力机车控制电路故障	● 采用多媒体演示等方式，掌握电力机车控制电路的组成及工作原理 ● 在实训室，设置工作现场，对控制电路进行故障判断处理训练	16
		判断处理机车微机控制系统故障	● 采用多媒体演示等形式，掌握电力机车微机控制系统的组成及工作原理 ● 在实训室，设置工作现场，对微机控制系统进行故障判断处理训练	8
		电力机车高压试验	● 在机车驾驶仿真装置上，对电力机车进行高压试验	8
		电力机车低压试验	● 在机车驾驶仿真装置上，对电力机车进行低压试验	8
		检查维护与保养城轨车辆制动装置	● 采用多媒体等方式，学习城市轨道交通车辆电气装置的组成、原理 ● 采用课件或录像学习城市轨道交通车辆电气装置的检查、维护和保养	20

续上表

模块编码	模块名称	学习任务	活动设计	参考学时
A6	专家讲座	职业发展、劳动组织分析与"四新"知识讲座		8
培训学时		培训包 1(A1、A4、A6)		110
		培训包 2(A1、A5、A6)		116
		培训包 3(A2、A4、A6)		106
		培训包 4(A2、A5、A6)		112
		培训包 5(A3、A4、A6)		110
		培训包 6(A3、A5、A6)		116

4. 实施建议

(1)教学方法

①在教学过程中,建议采用行动导向教学方法,立足于加强学员实际操作能力的培养。

②本模块教学的关键是现场教学,设备为载体。在教学过程中,教师示范和学员分组操作训练要互动,让学员在"教"与"学"互动过程中,提高电力机车检修的知识和能力。

③在教学过程中,要创设工作情景,同时应加大实践实操的容量,在实践实操过程中掌握电力机车检修技能,提高学员的专业能力。

④在教学过程中,要注意应用录像带、多媒体仿真软件等教学资源辅助教学,以提高教学效率。

⑤在教学过程中,要重视新技术、新工艺、新设备与新材料的发展趋势,贴近生产现场。

⑥要注重教学活动从信息的单向传递向双向和多向交流转变;学员单独学习向合作学习转变。

(2)教学评价建议

①评价内容应该涵盖理论知识、专业实践技能、平时作业与出勤等诸要素。

②采用阶段评价、目标评价、项目评价、理论与实践一体化的评价模式。

③应注重学员动手能力和实践中分析问题、解决问题能力的考核,对在学习和应用中有创新的学员应予特别鼓励,全面综合评价学员能力。

(3)课程资源的开发和应用

①注重电力机车检修规程等资料的应用。

②注重挂图、幻灯片、投影片、录像带、视听光盘、教学仪器、多媒体仿真软件等常用课程资源和现代化教学资源的开发和利用。

③积极开发和利用网络课程资源,充分利用诸如电子书籍、电子期刊、数据库、数字图书馆、教育网站和电子论坛等网上信息资源,使教学从单一媒体向多种媒体转变。

④充分利用电力机车运用与检修企业的资源,进行产学合作。

(二)教学能力模块

1. 模块性质与设计思路

教学能力模块是提高层级教师培训的主要模块之一,是为提高层级教师教学能力和课程设计能力、教学材料开发能力而设置。教学主要围绕职业教育课程标准的设计、教学设计、职业活动导向教材开发、教改论文的撰写而开展，按要掌握的技能，开展职业教育教学法、课程设计等知识的学习和实践训练。

本模块培训教学标准的总体设计思路：以职业教育学、职业教育心理学基本理论为指导，以电力机车运用与检修专业课程标准、教学设计为主线，以如何开展任务引领、实践导向的教学活动以及如何设计职业活动导向课程标准、如何开发职业活动导向的职业教育教材为主要培训内容，采用互动探究式的教学方式，使本模块教学呈现出问题探究、开放自主、合作互动的特点。

2. 模块目标

通过课程与教学设计的学习与相关教学实践活动，使教师进一步明确本专业任务引领、实践导向课程及教学的设计模式、课程标准的设计方法、教材开发方法、行动导向教学方法，熟练掌握职业活动导向教学和课程标准设计技能，达到能够开展行动导向教学和设计职业活动导向课程标准的水平。

教学能力培养目标包括：

- 能解读职业活动导向课程基本理论
- 能设计职业活动导向的课程标准
- 会行动导向教学设计、能评价行动导向教学设计
- 能参与职业活动导向专业教材的开发
- 会撰写教改论文
- 能对学生开展职业道德教育
- 能在教学中运用现代教育技术和职业教育学、职业教育心理学基本理论

3. 模块内容和教学活动设计（见表 9）

表 9　教学能力模块内容和教学活动设计

模块编码	模块名称	学习任务	活动设计	参考学时
B1	课程与教学设计	培养方案、课程标准与职业能力相关性分析	● 教师解读职业活动导向的职业教育课程理论 ● 教师发放电力机车制动钳工、电力机车电工国家职业标准，组织学员讨论评析《中等职业学校电力机车运用与检修专业教学指导方案》、《中等职业学校电力机车运用与检修专业教学大纲》与电力机车运用与检修职业能力的相关性 ● 教师引导学员探究电力机车运用与检修专业职业活动导向的工作领域课程方案和项目课程方案的设计方法	6
		设计课程标准	● 教师引导学员探究职业活动导向课程标准的设计思路、课程目标、学习项目的选取、课程内容选择与组织、课程标准体例 ● 学员自由组合成若干小组，每小组设计电力机车制动装置检修或电力机车控制装置检修职业活动导向课程标准 1 份（课外完成），教师组织学员交流互评	12
		教学设计与评价	● 教师按教学目标分析、学习者分析、学习内容分析、教学情境创设、行动导向教学方法、教学评价的顺序，选择典型的案例，引导学员逐级讨论职业教育教学设计的模式和方法 ● 学员自由组合成若干小组，每小组选择运用或检修电力机车制动装置或运用或检修电力机车控制装置的教学内容设计行动导向单节教学方案 1 个（课外完成），由教师主持交流、互评 ● 教师解读教学设计评价的基本模式和方法	24

续上表

模块编码	模块名称	学习任务	活动设计	参考学时
B1	课程与教学设计	教材设计	● 教师解析职业教育教材开发模式、工作过程系统化模式教材设计的要求、项目课程教材的整体设计方法和项目课程教材的要素设计方法 ● 教师选择典型案例，与学员共同探究项目教材目录设计与编排、学习任务设计思路和设计方法 ● 学员自由组合成若干小组，每小组设计电力机车运用与检修专业项目教材编排提纲1份 ● 教师主持交流、互评	8
		教学实践	● 在实训室设置教学现场，开展行动导向教学说课，教师和学员共同评课的互动式教学实践活动	16
		撰写教改论文	● 学员课外撰写电力机车运用与检修专业教育教学改革论文1篇，由教师主持，邀请职业教育学专家和学员共同交流、评价	8
B2	教育类公共模块	职业道德	主要学习内容：职业道德基本观念、职业道德与企业发展、职业道德与个人自身发展、职业道德基本规范、职业道德修养	20
		职业教育学	主要学习内容：职业教育的发展、职业教育目的与制度、专业与课程、教学理念、教学模式、教学实践、职业培训以及职业教育研究论	30
		现代教育技术	主要学习内容：视听媒体辅助教学、多媒体计算机辅助教学、因特网教育资源利用、现代远程教育、学校现代教育技术环境	40
		职业教育心理学	主要学习内容：职业技能学习的过程与策略、学习动机的调动、教学的基本程序与策略、职业素质的考核与评价、职业技术学校的职业指导、教师的教学交往技能训练、职业技术教育与个人职业发展	30
B3	专家讲座	专业现状和发展前景、职业教育教学研究最新成果		8
培训学时（含校本培训）				202

4. 实施建议

(1)教学方法

①在教学过程中，采用互动探究式教学方式，使本模块教学呈现出问题探究、开放自主、合作互动的特点。

②在教学过程中，要注意加大教师与学员、学员与学员的互动容量，为学员搭建互相交流、互相学习和提高的平台。

③在教学过程中，要应用多媒体、投影等教学资源辅助教学，以提高教学效率。

④要注重教学活动从信息的单向传递向双向和多向交流转变；学员单独学习向合作学习转变。

(2)教学评价建议

①评价内容应该包括理论知识、教案与试讲、教学研究论文、平时作业与出勤等诸要素。

②采用阶段评价，目标评价的评价模式。

③应注重学员设计课程标准、教学方案、实施教学、开展教学评价、撰写论文等工作能力的考核。

(3)课程资源的开发和应用

①注重职业教育教学改革方面的文献的应用。

②注重常用课程资源和现代化教学资源的开发和利用。

③积极开发和利用网络课程资源，充分利用诸如电子书籍、电子期刊、数据库、数字图书馆、教育网站和电子论坛等网上信息资源，使教学从单一媒体向多种媒体转变。

（三）企业实践模块

1. 模块性质与设计思路

本模块是提高层级教师培训的实践性教学模块，是为进一步提高层级教师运用与检修电力机车的技能及熟悉电力机车运用与检修企业工作任务而设置。企业实践教学主要围绕企业生产而实施。

本模块培训教学标准的总体设计思路：通过企业实践教学，使提高层级教师熟悉企业工作任务，提高电力机车制动装置、电力机车控制装置等的运用与检修能力，以便顺利开展职业活动导向的职业教育教学改革。

2. 模块目标

通过企业实践教学，使提高层级教师熟悉企业工作任务；掌握电力机车运用与检修企业（铁路机务段）检修电力机车的作业内容、作业过程、作业方法和作业标准，进一步提高检修技能；了解电力机车乘务等运用工作的作业内容、作业过程。

企业实践能力目标包括：

- 能说出电力机车运用与检修企业的主要工作任务
- 能运用与检修电力机车制动装置
- 能运用与检修电力机车电气装置
- 能检修电力机车机械装置
- 能说出电力机车乘务工作的作业内容、作业过程

3. 模块内容和教学活动设计（见表 10）

表 10　企业实践模块内容和实践活动设计

模块编码	模块名称	活动设计	参考学时
C1	检修电力机车机械	● 在电力机车检修车间完成 ● 聘请电力机车机械钳工技师、高级技师为导师，在导师的指导下顶岗实习 ● 教师巡回指导并负责过程管理	48
C2	检修电力机车电机	● 在电力机车检修车间完成 ● 聘请电力机车检修企业电机检修技师、高级技师为导师，在导师的指导下顶岗实习 ● 教师巡回指导并负责过程管理	32
C3	检修电力机车电器	● 在电力机车检修车间完成 ● 聘请电力机车检修企业电器检修技师、高级技师为导师，在导师的指导下顶岗实习 ● 教师巡回指导并负责过程管理	48
C4	运用检修制动装置	● 在电力机车检修车间完成 ● 聘请电力机车检修企业制动钳工技师、高级技师为导师，在导师的指导下顶岗实习 ● 教师巡回指导并负责过程管理	64
C5	运用检修电气控制装置	● 在电力机车检修车间完成 ● 聘请电力机车检修企业检修电力机车电气控制装置的技师、高级技师为导师，在导师的指导下顶岗实习 ● 教师巡回指导并负责过程管理	64

续上表

模块编码	模块名称	活动设计	参考学时
C6	企业调研	● 在电力机车检修车间和运用车间完成 ● 学员自主调研 ● 聘电力机车司机为导师，学员见习乘务作业 ● 教师负责过程管理	16
培训学时		培训包 1(C1、C4、C6)	128
		培训包 2(C1、C5、C6)	128
		培训包 3(C2、C4、C6)	116
		培训包 4(C2、C5、C6)	116
		培训包 5(C3、C4、C6)	128
		培训包 6(C3、C5、C6)	128

4. 实施建议

(1)教学方法

①电力机车检修企业实践教学采用企业导师制，在企业导师的指导下顶岗实习。

②电力机车乘务作业企业实践教学采用见习、调研的方式。

(2)教学评价建议

①采用阶段评价，目标评价、企业导师评价，教师评价相结合的评价模式，考核要特别注意平时的考勤。

②应注重学员动手能力和实践中分析问题、解决问题能力的考核，对在学习和应用中有创新的学员应予特别鼓励，全面综合评价学员能力。

骨干层级教师培训方案

一、培 训 目 的

以国务院关于大力发展职业教育的决定以及教育部、财政部"中等职业学校教师素质提高计划"为指导，努力改善中等职业学校电力机车运用与检修专业教学工作，显著提高教师的业务能力、学术水平，努力建设一支高素质的教师队伍。通过培训，使接受培训的教师的政治思想和职业道德水准、专业知识与专业技能、学术水平、教育教学能力和科研能力等综合素质有显著提高，使之成为具有高素质、高水平，具有终身学习能力和教育创造能力，在教学实践中发挥示范作用的中等职业学校的"双师(能)型"专业骨干教师。

二、培 训 对 象

中等职业学校从事电力机车运用与检修专业带头人或骨干教师。

三、培 训 目 标

1. 深刻把握职业教育本质特点，理解职教师资教学实践和职业工作实践的"双重"实践能力。

2. 根据不同教学情境熟练地完成教学活动，善于把工作岗位及工作过程转换为学习环境，开拓学生在专业工作中学习的可能性；善于开发专业教学中的学习工作任务。

3. 熟练运用工作分析方法，将岗位分析的结果归类重组并形成新的教学内容；系统地进行技术、工作以及职业教育过程的分析，组织与评价。

4. 能够统筹总领课题项目研究、设计研究方案、控制研究过程、形成研究成果并推广实施。

5. 培养高级别的操作技能。

四、培 训 模 式

培训采取基地培训、企业实践、校本培训相结合的形式，主要由专业实践能力培训、教育教学能力培训、企业实践等三部分组成。培训教学针对职业教育教学特点，注重发挥学员在培训活动中的主体作用，突出能力本位，以"工作任务"为线索，创设工作情景，提高学员的实践动手能力。同时，通过课程、教学、教材设计与评价分析、模拟教学、交流研讨、专家讲座、企业实践等培训环节提高学员的教学能力、实践经验和职业教育科学研究能力。

五、培训内容与学时安排

培训内容采用预设与应答相结合的方式，学员可以根据预设的学习模块选择 6 个培训包中的 1 个开展培训学习活动。预设的培训模块与模块学时见表 11，培训包(基地培训)方案、

学时与学分见表12。

表11　模块内容与学时

<table>
<tr><th>模块类别</th><th>模块编码</th><th colspan="2">模块主要内容</th><th>模块学时</th><th>学分</th><th>备注</th></tr>
<tr><td rowspan="7">专业实践能力模块</td><td>A1</td><td colspan="2">检修电力机车机械</td><td>24</td><td>1</td><td rowspan="7">基地培训</td></tr>
<tr><td>A2</td><td colspan="2">检修电力机车电机</td><td>20</td><td>1</td></tr>
<tr><td>A3</td><td colspan="2">检修电力机车电器</td><td>24</td><td>1</td></tr>
<tr><td>A4</td><td colspan="2">运用与检修电力机车制动装置</td><td>36</td><td>2</td></tr>
<tr><td>A5</td><td colspan="2">运用与检修电力机车电气装置</td><td>40</td><td>2</td></tr>
<tr><td>A6</td><td colspan="2">运用管理电力机车、维护保养与操纵城轨车辆城轨列车</td><td>68</td><td>3</td></tr>
<tr><td>A7</td><td colspan="2">职业发展、劳动组织分析与“四新”知识讲座</td><td>8</td><td>—</td></tr>
<tr><td colspan="5">小　计(学分按最低要求计)</td><td>6</td><td></td></tr>
<tr><td rowspan="6">教育教学能力模块</td><td>B1</td><td colspan="2">电力机车运用与检修专业课程设计与评价、教材设计与评价、教学设计与评价、教学实施环境开发</td><td>88</td><td>4</td><td>基地培训</td></tr>
<tr><td rowspan="4">B2</td><td rowspan="4">公共教育教学能力模块</td><td>职业道德</td><td>20</td><td>1</td><td rowspan="4">校本培训</td></tr>
<tr><td>职业教育学</td><td>30</td><td>1.5</td></tr>
<tr><td>现代教育技术</td><td>40</td><td>2</td></tr>
<tr><td>职业教育心理学</td><td>30</td><td>1.5</td></tr>
<tr><td>B3</td><td colspan="2">专家讲座(职业教育教学研究最新成果)</td><td>8</td><td>—</td><td>基地培训</td></tr>
<tr><td colspan="5">小　计</td><td>10</td><td></td></tr>
<tr><td rowspan="7">企业实践模块</td><td>C1</td><td colspan="2">检修电力机车机械</td><td>24</td><td>2</td><td rowspan="7">基地培训</td></tr>
<tr><td>C2</td><td colspan="2">检修电力机车电机</td><td>20</td><td>2</td></tr>
<tr><td>C3</td><td colspan="2">检修电力机车电器</td><td>24</td><td>2</td></tr>
<tr><td>C4</td><td colspan="2">运用与检修电力机车制动装置</td><td>36</td><td>2</td></tr>
<tr><td>C5</td><td colspan="2">运用与检修电力机车控制装置</td><td>36</td><td>2</td></tr>
<tr><td>C6</td><td colspan="2">电力机车乘务作业</td><td>48</td><td>2</td></tr>
<tr><td>C7</td><td colspan="2">企业调研</td><td>8</td><td>—</td></tr>
<tr><td colspan="5">小　计(学分按最低要求计)</td><td>6</td><td></td></tr>
<tr><td colspan="5">合　计(学分按最低要求计)</td><td>22</td><td></td></tr>
</table>

表 12　培训包方案、学时与学分(基地培训)

培训包	模块编码	学时				
		专业能力模块	教学能力模块	企业实践模块	总学时	学分
培训包 1	A1、A4、A6、A7、B1、B2、B3、C1、C4、C6、C7	136	96	116	348	16
培训包 2	A1、A5、A6、A7、B1、B2、B3、C1、C5、C6、C7	140	96	116	352	16
培训包 3	A2、A4、A6、A7、B1、B2、B3、C2、C4、C6、C7	132	96	112	340	16
培训包 4	A2、A5、A6、A7、B1、B2、B3、C2、C5、C6、C7	136	96	112	344	16
培训包 5	A3、A4、A6、A7、B1、B2、B3、C3、C4、C6、C7	136	96	116	348	16
培训包 6	A3、A5、A6、A7、B1、B2、B3、C3、C5、C6 、C7	140	96	116	352	16

六、培训学分与证书

教师经培训学习，考核合格，修满 22 个学分后，可以取得本专业骨干层级职教师资培训合格证书。

教师已取得的职业技能资格证书可与培训模块中的专业实践能力培训模块(含企业实践模块)等价、互认。学员每取得 1 个本专业中级工职业技能证书计 2 个学分的专业实践能力培训学分；每取得 1 个本专业高级工职业技能证书计 4 个学分的专业实践能力培训学分；每取得 1 个本专业技师职业技能证书计 6 个学分的专业实践能力培训学分；每取得 1 个本专业高级技师职业技能证书计 8 个学分的专业实践能力培训学分。

七、培训教学标准

(一)专业实践能力模块

1. 模块性质与设计思路

专业能力模块是骨干教师培训的主要模块之一，是为提高骨干教师检修、运用与管理电力机车的实践技能、专业知识和行动导向教学能力而设置。教学主要围绕项目实施，按要掌握的任务要领，开展相关专业知识的学习和技能操作。

本模块培训教学标准的总体设计思路：打破传统的学科体系，按职业活动导向的培训课程，围绕完成工作任务的需要来选择培训内容，设置培训学习领域；从“工作任务与教师专业能力”分析出发，设定培训目标；以“任务驱动”为指导思想，开展培训教学活动，提高教师的实践动手能力。

本模块培训教学为了充分体现任务引领、职业活动导向的思想，将教学活动分解设计成互相联系的若干项目，主要以项目为单位组织教学，按项目实施的顺序逐步展开，学员在掌握技能的同时，引出相关专业理论知识，使学员在技能训练过程中加深对专业知识、技能的理解和应用，以提高学员的综合职业能力。

2. 模块目标

通过本模块的学习与相关技能训练，使骨干教师进一步明确本专业核心课程内容与基本要求，培养专业核心课程所体现的国家职业标准中的相关职业能力，熟练掌握相关项目实作技能，提高专业教师实践动手能力，达到能够指导学生开展电力机车检修和乘务作业

的水平。

专业能力目标包括：

- 能检修电力机车机械装置
- 能运用和检修制动装置和电气装置
- 会管理机车
- 会电力机车牵引计算
- 会识别列车运行图，编制机车周转图
- 会分析机车运用检修指标
- 会识别铁路行车信号与行车闭塞法
- 会电力机车乘务员一次作业过程
- 会非正常情况下行车作业
- 会检查与保养电力机车
- 会机务安全管理
- 会检查、维护与保养城市轨道交通车辆
- 能明确城轨道交通车辆操纵方法
- 明确本专业职业发展与劳动组织关系

3. 模块内容和教学活动设计（表 13）

表 13　专业实路能力模块内容和教学活动设计

模块编码	模块名称	学习任务	活动设计	参考学时
A1	检修电力机车机械	检修机车车体	● 在实训场检查电力机车车体质量 ● 录像教学：拆装、调整前窗、侧窗、车体侧墙百叶窗	4
		检修机车转向架	● 在实训场中，设置工作现场，对转向架进行零部件拆装、检修训练 ● 录像教学：转向架故障诊断与排除	10
		检修传动与悬挂装置	● 在实训场中，设置工作现场，对牵引传动与电机悬挂装置零部件进行拆装、检修训练	6
		检修牵引缓冲装置	● 在实训场中，设置工作现场，对牵引传动与电机悬挂装置零部件进行拆装、检修训练	4
A2	检修机车电机	检修牵引电动机与主变压器	● 在实训室中，设置工作现场，对脉流牵引电动机、三相交流牵引电动机、主变压器进行检修训练	20
A3	检修电力机车电器	检修受电弓	● 在实训室中，设置工作现场，对受电弓进行维护、测试、调整、试验、故障处理训练 ● 采用多媒体演示等方式，识别新型受电弓的结构、零部件的配置	12
		检查真空断路器	● 采用录像或多媒体课件，学习真空断路器的维护和检查方法	2
		检修位置转换开关	● 在实训室中，设置工作现场，对位置转换开关进行维护、故障判断与检修训练	6
		检修司机控制器	● 在实训室中，设置工作现场，对司机控制器进行维护、检修训练	4
A4	运用与检修电力机车制动装置	检修电力机车风源系统	● 在实训场，设置工作现场，对螺杆式空气压缩机进行检修训练	4
		检修基础制动装置	● 在实训场，设置工作现场，对单缸制动器进行分解、检修、组装、故障判断处理训练	4

续上表

<table>
<tr><th>模块编码</th><th>模块名称</th><th>学习任务</th><th>活动设计</th><th>参考学时</th></tr>
<tr><td rowspan="2">A4</td><td rowspan="2">运用与检修电力机车制动装置</td><td>检修机车制动部件</td><td>● 在实训场，设置工作现场，对机车分配阀、空气制动阀、中继阀、电空阀、紧急阀、重联阀进行分解、检修、组装、试验与故障处理训练</td><td>12</td></tr>
<tr><td>DK-1 型电空制动机的操作、试验验收与故障处理</td><td>● 在实训场，设置工作现场，对 DK-1 型电空制动机进行操作、试验验收训练
● 在实训场，设置工作现场，对 DK-1 型电空制动机进行故障判断处理训练</td><td>16</td></tr>
<tr><td rowspan="6">A5</td><td rowspan="6">运用与检修电力机车电气控制装置</td><td>判断处理电力机车主电路故障</td><td>● 在实训室，设置工作现场，对主电路进行故障判断处理训练</td><td>4</td></tr>
<tr><td>判断处理电力机车辅助电路故障</td><td>● 在实训室，设置工作现场，对辅助电路进行故障判断处理训练</td><td>4</td></tr>
<tr><td>判断处理电力机车控制电路故障</td><td>● 在实训室，设置工作现场，对控制电路进行故障判断处理训练</td><td>12</td></tr>
<tr><td>判断处理机车微机控制系统故障</td><td>● 采用多媒体演示等形式，掌握电力机车微机控制系统的组成及工作原理
● 在实训室，设置工作现场，对微机控制系统进行故障判断处理训练</td><td>8</td></tr>
<tr><td>电力机车高压试验</td><td>● 在机车驾驶仿真装置上，对电力机车进行高压试验</td><td>6</td></tr>
<tr><td>电力机车低压试验</td><td>● 在机车驾驶仿真装置上，对电力机车进行低压试验</td><td>6</td></tr>
<tr><td rowspan="4">A6</td><td rowspan="4">电力机车运用与管理</td><td>管理机车</td><td>● 学员分组，收集某机务段运用车间的管理体制及主要工作岗位职责、机车交路与运转制度、机务段配属机车台数、类型、检修计划等资料（课外完成），并提交报告
● 教师主持，小组间交流改进机车管理的有效措施</td><td>2</td></tr>
<tr><td>列车牵引计算</td><td>● 采用多媒体演示，讲练结合的方式，通过机车牵引特性曲线分析对比不同机车的性能
● 采用多媒体演示，讲练结合的方式，判断列车在不同坡道用电气制动时的机车下坡速度
● 教师组织学员讨论、交流列车坡停后起动条件方法的计算与分析判断方法
● 学员计算列车在牵引区段一个往返的理论能耗量，并与教师提供的实际能耗量数据相比较，分析误差可能的原因
● 教师提供几条线路的牵引定数资料，与学员的牵引质量计算结果比较，分析牵引定数确定的依据
● 在机房，利用牵引计算软件进行列车牵引电算训练</td><td>14</td></tr>
<tr><td>识别列车运行图，编制机车周转图</td><td>● 采用多媒体演示等形式，识别列车运行图
● 在机房，讲练结合，利用软件进行机车周转图绘制训练</td><td>6</td></tr>
<tr><td>分析机车运用检修指标</td><td>● 采用多媒体演示等形式，掌握机车运用数量与效率指标、机车检修数量与质量指标分析方法
● 学员分组，绘出机车工作量和机车运用指标的相互关系图，教师主持交流、互评
● 教师提供某机务段机车运用有关数据资料，学员分组进行机车日常运用分析，查找存在问题，每小组提交进一步改善机车运用状况的意见与措施，并组织交流、互评</td><td>6</td></tr>
</table>

续上表

模块编码	模块名称	学习任务	活动设计	参考学时
A6	电力机车运用与管理	识别铁路行车信号与行车闭塞	● 在行车沙盘演练场，设置模拟情境，识别铁路行车信号与行车闭塞	2
		电力机车一次乘务标准作业	● 在机车驾驶仿真装置上，进行一次乘务标准作业训练	6
		非正常情况下行车作业	● 在机车驾驶仿真装置上，进行非正常情况下行车作业训练	2
		检查与保养电力机车	● 在实训场进行电力机车静止检查作业训练 ● 在实训场进行电力机车自检自修与保养作业训练	8
		机车安全管理	● 学员分组，收集机车运用、检修方面的安全规章资料并加以整理(课外完成) ● 教师主持，针对一起铁路行车事故案例，分析其类型、级别、构成条件及原因，写出简化分析报告	2
		检查、维护、保养与操纵城轨车辆	● 采用多媒体演示等方式，学习城市轨道交通车辆的检查、维护、保养与操纵	20
A7	专家讲座	职业发展、劳动组织分析与“四新”知识讲座		8
培训学时		培训包1(A1、A4、A6、A7)		136
		培训包2(A1、A5、A6、A7)		140
		培训包3(A2、A4、A6、A7)		132
		培训包4(A2、A5、A6、A7)		136
		培训包5(A3、A4、A6、A7)		136
		培训包6(A3、A5、A6、A7)		140

4. 实施建议

(1)教学方法

①在教学过程中，建议采用行动导向教学方法，立足于加强学员实际操作能力的培养。

②在教学过程中，教师示范和学员分组操作训练要互动，让学员在“教”与“学”互动过程中，提高电力机车检修的知识和能力。

③在教学过程中，要应用录像带、多媒体仿真软件、牵引计算软件等教学资源辅助教学，以提高教学效率。

④在教学过程中，要重视新技术、新工艺、新设备的发展趋势，贴近生产现场。

⑤要注重教学活动从信息的单向传递向双向和多向交流转变；学员单独学习向合作学习转变。

(2)教学评价建议

①评价内容应该涵盖理论知识、专业实践技能、平时作业与出勤等诸要素。

②采用阶段评价、目标评价、项目评价、理论与实践一体化的评价模式。

③应注重学员动手能力和实践中分析问题、解决问题能力的考核，对在学习和应用中有创新的学员应予特别鼓励，全面综合评价学员能力。

(3)课程资源的开发和应用

①注重电力机车运用规程等资料的应用。

②注重挂图、幻灯片、投影片、录像带、视听光盘、教学仪器、多媒体仿真软件等常用课程资源和现代化教学资源的开发和利用。

③积极开发和利用网络课程资源，充分利用诸如电子书籍、电子期刊、数据库、数字图书馆、教育网站和电子论坛等网上信息资源，使教学从单一媒体向多种媒体转变。

④充分利用电力机车运用与检修企业的资源，进行产学合作。

（二）教学能力模块

1. 模块性质与设计思路

教学能力模块是骨干教师培训的主要模块之一，是为提高骨干教师课程开发能力和教学能力而设置。教学主要围绕职业教育课程开发、教学和教材的设计与评价而开展，按要掌握的技能开展职业教育与教学知识学习和实践训练。

本模块培训教学标准以职业教育学、职业教育心理学基本理论为指导，以如何设计与评价课程，如何设计与评价行动导向教学方案、如何开发与评价职业活动导向教材、如何开发教学实施环境为主要培训内容，并采用互动探究式的教学方式，使本模块教学呈现出问题探究、开放自主、合作互动的特点。

2. 模块目标

通过课程开发与教学设计的学习与相关教学实践活动，使骨干教师进一步明确本专业任务引领、实践导向课程设计与评价方法、教材开发与评价方法、教学设计与评价方法、职业教育教学实施环境的开发方法。熟练掌握职业活动导向课程设计与评价技能、教材开发与评价技能、教学设计与评价技能、教学实施环境开发方法。

教学能力培养目标包括：

- 能解读职业教育学习理论
- 能解读职业教育课程理论
- 能设计专业课程方案
- 能设计与评价职业活动导向课程标准
- 能设计与评价行动导向教学方案
- 能开发与评价职业活动导向职业教育教材
- 能开发校内项目教学实施环境
- 能对学生开展职业道德教育
- 能在教学中运用现代教育技术和职业教育学、职业教育心理学基本理论

3. 模块内容和教学活动设计

表 14　教学能力模块内容和教学活动设计

模块编码	模块名称	学习任务	活动设计	参考学时
B1	课程开发与教学设计	职业教育课程与学习理论	● 教师解析职业教育学习理论 ● 教师解析学科系统化课程开发、学习理论导向课程开发、职业相关的课程开发、工作过程系统化的课程开发基本理论	4
		课程方案设计	● 教师解析学习领域课程模式 ● 教师解析任务引领的项目课程模式	24

续上表

模块编码	模块名称	学习任务	活动设计	参考学时
B1	课程开发与教学设计	课程方案设计	● 采用模拟教学法，探究职业工作任务分析方法 ● 教师选择案例，组织学员学习职业活动导向课程目标确定方法、课程设置方法、课程结构设计方法 ● 学员自由组合成若干小组，每小组设计电力机车运用与检修专业学习领域课程方案或项目课程方案1个，教师主持交流、互评 ● 学员自由组合成若干小组，设计《电力机车运用与管理》课程标准1份（课外完成），教师主持交流、互评	24
		课程设计评价	● 教师选择案例，组织学员学习职业活动导向课程标准设计方法 ● 教师解析课程设计评价的原则、标准、基本模式 ● 教师解析评价指标体系的建立方法和获取评价信息的方法 ● 教师选择学员设计的课程方案和课程标准，并组织学员以小组合作学习方式对其作出价值判断	4
		教材设计	● 教师解析职业教育教材开发模式、工作过程系统化模式教材设计的要求、项目课程教材的整体设计方法和项目课程教材的要素设计方法 ● 教师选择典型案例，与学员共同探究项目教材目录设计与编排、学习任务设计思路和设计方法 ● 学员自由组合成若干小组，每小组设计电力机车运用与检修专业项目教材编排提纲1份 ● 教师主持交流、互评 ● 学员自由组合成若干小组，每小组选择电力机车运用与检修专业某教学任务并设计项目学习材料1份 ● 教师主持交流、互评	8
		教材评价	● 教师解析教材评价的原则、标准、基本模式 ● 教师解析评价指标体系的建立方法和获取评价信息的方法 ● 教师主持，由学员对本专业核心课程中职教材作出价值判断	4
		教学设计	● 教师按教学目标分析、学习者分析、学习内容分析、教学情境创设、行动导向教学方法、教学评价的顺序，选择典型的案例，引导学员逐级讨论职业教育教学设计的模式和方法 ● 学员自由组合成若干小组，每小组设计电力机车运用与检修专业单节行动导向教学方案1个（课外完成），由教师主持交流、互评	16
		教学设计评价	● 教师解析教学设计评价的原则、标准、基本模式 ● 教师解析评价指标体系的建立方法和获取评价信息的方法 ● 教师选择典型教学方案，由学员对方案作出价值判断	4
		教学实施环境开发	● 教师主持，学员间互相讨论、交流教学实施环境和校外实训基地建设情况	4
		教学实践	● 在实训室设置教学现场，开展行动导向教学说课，教师和学员共同评课的互动式教学实践活动	16

续上表

模块编码	模块名称	学习任务	活动设计	参考学时
B2	教育类公共模块	职业道德	主要学习内容：职业道德基本观念、职业道德与企业发展、职业道德与个人自身发展、职业道德基本规范、职业道德修养	20
		职业教育学	主要学习内容：职业教育的发展、职业教育目的与制度、专业与课程、教学理念、教学模式、教学实践、现代教育技术、职业培训以及职业教育研究论	30
		现代教育技术	主要学习内容：视听媒体辅助教学、多媒体计算机辅助教学、因特网教育资源利用、现代远程教育、学校现代教育技术环境	40
		职业教育心理学	主要学习内容：职业技能学习的过程与策略、学习动机的调动、教学的基本程序与策略、职业素质的考核与评价、职业技术学校的职业指导、教师的教学交往技能训练、职业技术教育与个人职业发展	30
B2	专家讲座	专业现状和发展前景、职业教育教学研究最新成果		8
培训学时（含校本培训）				216

4. 实施建议

（1）教学方法

①在教学过程中，采用互动探究式教学方式，使本模块教学呈现出问题探究、开放自主、合作互动的特点。

②在教学过程中，要注意加大教师与学员、学员与学员互动的容量，为学员搭建互相交流、互相学习和提高的平台。

③在教学过程中，要应用多媒体、投影等教学资源辅助教学，以提高教学效率。

④要注重教学活动从信息的单向传递向双向和多向交流转变；学员单独学习向合作学习转变。

（2）教学评价建议

①评价内容应该包括理论知识、教案与试讲、教学研究论文、平时作业与出勤等诸要素。

②采用阶段评价，目标评价的评价模式。

③应注重学员设计课程标准、教材提纲、教学方案和相关的评价能力的考核，全面综合评价学员的能力。

（3）课程资源的开发和应用

①注重职业教育教学改革方面的文献的应用。

②注重常用课程资源和现代化教学资源的开发和利用。

③积极开发和利用网络课程资源，充分利用诸如电子书籍、电子期刊、数据库、数字图书馆、教育网站和电子论坛等网上信息资源，使教学从单一媒体向多种媒体转变。

（三）企业实践模块

1. 模块性质与设计思路

本模块是骨干教师培训实践性教学模块是为进一步提高骨干教师电力机车检修、运用与管理能力，熟悉电力机车运用与检修企业的工作任务而设置。企业实践教学主要围绕企业生产而实施。

本模块培训教学标准的总体设计思路：通过企业实践教学，使骨干教师熟悉企业工作任务，提高其电力机车运用与管理的专业技能，以便顺利开展职业活动导向的职业教育教学改革。

2. 模块目标

通过企业实践教学，使骨干教师熟悉企业工作任务；掌握电力机车乘务工作的作业内容、作业过程、作业方法和作业标准；熟悉电力机车运用与检修企业（铁路机务段）电力机车钳工、电力机车电工、制动钳工的作业内容、作业过程。

企业实践能力目标包括

- 能说出电力机车运用与检修企业的主要工作任务
- 能运用与检修电力机车制动装置
- 能运用与检修电力机车电气装置
- 能检修电力机车机械装置
- 能说出电力机车乘务工作的作业内容、作业过程、作业方法和作业标准

3. 模块内容和教学活动设计（见表15）

表15　企业实践模块内容和实践活动设计

模块编码	模块名称	活动设计	参考学时
C1	检修电力机车机械	● 在电力机车检修车间完成 ● 聘请电力机车机械钳工技师、高级技师为导师，在导师的指导下顶岗实习 ● 教师巡回指导并负责过程管理	24
C2	检修电力机车电机	● 在电力机车检修车间完成 ● 聘请电力机车检修企业电机检修技师、高级技师为导师，在导师的指导下顶岗实习 ● 教师巡回指导并负责过程管理	20
C3	检修电力机车电器	● 在电力机车检修车间完成 ● 聘请电力机车检修企业电器检修技师、高级技师为导师，在导师的指导下顶岗实习 ● 教师巡回指导并负责过程管理	24
C4	运用检修制动装置	● 在电力机车检修车间完成 ● 聘请电力机车检修企业制动钳工技师、高级技师为导师，在导师的指导下顶岗实习 ● 教师巡回指导并负责过程管理	36
C5	运用检修电气控制装置	● 在电力机车检修车间完成 ● 聘请电力机车检修企业检修电力机车电气控制装置的技师、高级技师为导师，在导师的指导下顶岗实习 ● 教师巡回指导并负责过程管理	36
C6	乘务作业	● 聘请电力机车司机为导师，学员随车实践 ● 教师负责过程管理	48
C7	企业调研	● 在电力机车检修车间和运用车间完成 ● 学员自主调研 ● 教师负责过程管理	8

续上表

模块编码	模块名称	活动设计	参考学时
培训学时		培训包 1(C1、C4、C6、C7)	116
		培训包 2(C1、C5、C6、C7)	116
		培训包 3(C2、C4、C6、C7)	112
		培训包 4(C2、C5、C6、C7)	112
		培训包 5(C3、C4、C6、C7)	116
		培训包 6(C3、C5、C6、C7)	116

4. 实施建议

(1)教学方法

①电力机车乘务作业企业实践教学采用企业导师制，在企业导师的指导下见习乘务作业过程。

②电力机车检修实践教学采用顶岗实习的方式。

(2)教学评价建议

①采用阶段评价、目标评价、企业导师评价、教师评价相结合的评价模式，考核要特别注意平时的考勤。

②应注重学员动手能力和实践中分析问题、解决问题能力的考核，对在学习和应用中有创新的学员应予特别鼓励，全面综合评价学员能力。

中等职业学校电力机车运用与检修专业师资培训质量评价指标体系

一、评价指标的构成

本指标体系在充分重视定量评价的同时，对部分不宜定量评价而又重要的指标，采取定性描述、模糊判断的评价方法。各指标力求内涵明确，重点突出，利于操作。

本评价方案的指标体系由 4 项一级指标和 29 项二级指标构成，每个二级评价指标由评价重点内容、评价标准、评价方法、评分等级、权重和得分构成。各指标与权重见表 16。

表 16 评价方案指标体系

一级指标	二级指标	权重系数	比例
1 培训方案	1.1 培训需求调研	0.8	20%
	1.2 与能力标准的关系	0.8	
	1.3 培训目标	0.8	
	1.4 培训模式方法	0.4	
	1.5 培训内容	0.8	
	1.6 考核方式	0.4	
2 培训条件	2.1 主讲教师	1.0	20%
	2.2 兼职教师	0.5	
	2.3 校内实习基地	0.8	
	2.4 校外实习基地	0.8	
	2.5 图书资料	0.5	
	2.6 生活保障服务	0.4	
3 培训管理	3.1 培训管理制度	0.4	15%
	3.2 培训管理组织队伍	0.4	
	3.3 培训方案执行情况	0.6	
	3.4 培训质量监控	0.6	
	3.5 培训工作计划与总结	0.3	
	3.6 培训档案管理	0.3	
	3.7 培训反馈制度	0.4	
4 培训效果	4.1 培训目标达成	1.2	45%
	4.2 成绩合格率与分析	0.8	
	4.3 作业或作品	0.8	
	4.4 资格证书	0.8	
	4.5 企业评价	0.8	
	4.6 学员自我评价	1.2	
	4.7 培训管理评价	0.8	
	4.8 培训教学满意率	1.2	
	4.9 送培单位评价	0.8	
	4.10 培训创新	0.6	

二、评价指标等级标准

1. 培训质量评分标准

在评价指标体系中，每个二级指标都按 A、B、C、D 四个评价等级进行评定。各二级指标的具体内容和等级标准如附表所示，表中给出了 A 级和 C 级的具体标准，介于 A 级、C 级之间为 B 级，不够 C 级的即为 D 级。

评价等级 A 为 5 分，B 为 4 分，C 为 3 分，D 为 2 分。

评定时先对每个二级指标按 A、B、C、D 四个等级进行评定，各二级指标的等级分值与相应的权重之积为该二级指标的评价得分，各二级指标的评价得分之和为质量评价总分。

2. 培训质量评价等级标准

本评价指标体系得分与网络评价系统结合使用，按 3∶7 的权重比例计算评价得分(S)。培训质量评价等级分为优秀、良好、合格、不合格四种，其标准如下：

$S>85$　优秀；　　$76\leqslant S\leqslant 85$ 良好；

$60\leqslant S\leqslant 75$　合格；　　$S<60$ 不合格

三、培训质量评价指标体系(见表 17)

表 17　中等职业学校电力机车运用与检修专业师资培训质量评价指标体系

一级指标	二级指标	评价重点内容	评价标准		评价方法	评价等级	权重	得分
			A	C				
1 培训方案	1.1 培训需求调研	调研成果、成果应用	按不同层次分别调研多种需求；采用多种调研方式，问卷与访谈提纲科学合理；调研结果量化分析与质性分析相结合，有详细的调研报告，调研结论充分利用	开展了培训人数和培训内容等培训需求；调查问卷或访谈提纲较为合理；调研需求意见被采用	查阅调查问卷、访谈提纲和调研结论；开座谈会			
	1.2 与能力标准的关系	相关性	培训方案以能力标准为依据，培训模块与各能力领域对应性强；培训方案完全能满足提高教师运用和检修电力机车的专业实践能力和教学能力的需求	培训方案考虑了能力标准中的能力要求，培训模块与各能力领域基本对应；培训方案体现了提高教师运用和检修电力机车的专业实践能力和教学能力的思想	查阅培训方案并与能力标准相比较			
	1.3 培训目标	目标定位与层次	培训目标层次分明、定位准确：上岗培训围绕基本操作技能与教学技能；提高培训围绕熟练操作技能与教学技能；骨干培训围绕高级别操作技能、教学技能、课程开发和教学研究能力	定位基本准确，培训目标围绕教学能力、专业实践能力的提高，有一定的层次性	查阅培训方案			
	1.4 培训模式方法	先进性和实用性	培训模式和方法先进、实用，应答式和预设式相结合，采取基地培训、企业实践、校本培训多种形式，采用行动导向的教学方法	培训模式和方法较为先进、实用，体现了一定的应答性	查阅培训方案，开座谈会			

续上表

一级指标	二级指标	评价重点内容	评价标准		评价方法	评价等级	权重	得分
			A	C				
1 培训方案	1.5 培训内容	与培训目标的吻合度	依据教学目标和学员实际安排培训内容，层次分明，联系生产实际，深度广度适宜，教学内容全面反映机车运用与检修“四新”知识和前沿技术，专业技能训练项目完全符合企业生产的实际	依据教学目标和学员实际安排教材内容，层次较分明，能联系实际，专业技能训练项目贴近企业生产的实际	查阅培训方案，教学日志，查阅企业实践教学汇报材料，查阅学员实习日志、与教师、学员座谈			
	1.6 考核方式	规范性、科学性	有规范、科学的考核标准和办法；考核结果公正、合理；有考核分析和总结	有考核标准和办法；考核结果较为公正、合理	查阅考核办法			
2 培训条件	2.1 主讲教师	素质与构成	副教授及以上职称的主讲教师占教师总数的100%，其中教授数≥2位；实践教学主讲教师具有技师以上职业资格的比例为100%	副教授及以上职称的主讲教师占教师总数的70%；实践教学主讲教师具有技师以上职业资格的比例为50%	查阅主讲教师学历、学位、职称结构统计表、职业资格统计表及支撑材料			
	2.2 兼职教师	素质与构成	电力机车运用知名专家数≥1位，电力机车检修高级技师数≥1位，职业教育知名专家数≥1位	聘有电力机车运用与检修专家或职业教育专家	查阅企业专家和职业教育专家统计表与支撑材料，查阅讲座记录			
	2.3 校内实习基地	完善性、先进性	实验室、实习场设施完善，设备先进，拥有电力机车实物、模拟驾驶装置和检修演练场，设备能完全满足培训教学需要	实验室、实习场设施基本达到培训方案的要求，拥有电力机车运用与检修演练场，基本能满足培训教学要求	实地考察实验室、实习场，查阅实验、实习记录，与教师、学员座谈			
	2.4 校外实习基地	满足企业实践教学需要	具有稳定的能满足全体学员顶岗实习要求的校外实习基地（机务段、机车工厂）；企业实践教学单位实践教学条件、指导人员数量、素质、结构、责任感满足企业实践教学的要求	有校外实习基地，企业指导人员基本能满足企业实践教学的要求	查阅校企合作协议、企业实践教学指导人员资料、与学员座谈			
	2.5 图书资料	资料种类与数量	专业图书资料品种齐全，数量满足需求，有学员阅读的“网络图书”（光盘、影带等）和电子图书、电子期刊的专门场所	专业图书资料品种较齐全，有电子资料	查阅专业图书资料统计表、实地考察			
	2.6 生活保障服务	保障性	生活设施先进、完善，服务质量高	生活设施、服务质量尚可	实地考察、与学员座谈			
3 培训管理	3.1 培训管理制度	制度落实	管理制度健全、规范，积极采用现代管理技术；有与培训教学管理制度相配套的措施，执行严格，效果好	建立了培训管理制度，能执行培训管理制度，效果尚好	查阅管理制度相关文件，查阅管理制度执行措施，开座谈会			
	3.2 培训管理组织队伍	专业化程度	组织体系健全，队伍结构合理，服务意识和创新精神强，工作绩效好	管理组织基本健全，管理队伍数量结构基本适当，工作成效尚可	查阅管理人员名册，开座谈会			
	3.3 培训方案执行情况	与方案的吻合度	严格执行培训方案，培训内容与学时、培训教学方法、学业评价等与培训方案吻合度高	按培训方案实施培训教学，培训实施尚能与方案吻合	查阅教学日志、与学员座谈			

续上表

一级指标	二级指标	评价重点内容	评价标准 A	评价标准 C	评价方法	评价等级	权重	得分
3 培训管理	3.4 培训质量监控	监控效果	建立了培训教学质量监控体系，建立了教学工作责任制，有完善的教师教学质量评价制度、学员学习质量评价、学员质量跟踪制度、教学信息反馈制度等教学环节质量标准	建立了培训教学质量监控体系，有教学环节质量标准，开展了学生评教、教师评学活动	查阅制度及执行过程资料			
	3.5 培训工作计划与总结	周全性、详细性	培训工作计划细致周全、有详细的培训总结报告和改进措施	有培训工作计划和总结报告	查阅培训计划、培训总结报告			
	3.6 培训档案管理	规范性与先进性	各类教学档案资料收集齐全、完整，整理规范、管理严格，有专用教学档案柜，分类存档，方便查阅，手段先进	各类教学档案资料收集基本齐全，整理较为规范，管理尚可	查阅教学档案管理资料目录及原始材料			
	3.7 培训反馈制度	反馈意见的采纳	反馈制度健全、规范，渠道畅通，反馈意见被充分采纳	建立了反馈制度，部分反馈意见被采纳	查阅相关反馈制度，与学员座谈			
4 培训效果	4.1 培训目标达成	目标达成度	综合判断学员专业实践能力目标、教学能力目标完全达成	综合判断学员专业实践能力目标、教学能力目标基本达成	查阅培训过程与结果资料			
	4.2 成绩合格率与分析	学业评价科学合理	学员成绩评定效度、信度高，成绩呈正态分布，合格率100%	学员成绩评定效度、信度较高，成绩分布较为合理，学业合格率80%	查阅培训教学的过程性、终结性评价原始资料；课程成绩单、成绩统计分析资料			
	4.3 作业或作品	综合职业能力	学员有体现综合职业能力的大型作业或作品的比例达100%	学员有体现综合职业能力的大型作业或作品的比例达80%	查阅原始资料			
	4.4 资格证书	证书获得率	上岗、提高和骨干教师分别获得中级、高级和技师职业资格，职业资格证书获得率达100%	多数学员获得职业资格，职业资格证书获得率达70%	查阅职业资格证书统计资料			
	4.5 企业评价	评价结果	企业对学员的企业实践成绩评价优良率达90%	企业对学员的企业实践成绩评价优良率达60%	查阅企业评价统计资料			
	4.6 学员自我评价	能力提高	学员认为专业能力和教学能力有很大提高或较大提高的比例≥90%	学员认为专业能力和教学能力有很大提高或较大提高的比例≥60%	查阅调查问卷和统计结果			
	4.7 培训管理评价	学员满意率	学员对培训管理的满意率和较满意率≥90%	学员对培训管理的满意率和较满意率≥60%	查阅调查问卷和统计结果			
	4.8 培训教学满意率	学员满意率	学员对培训教学的满意率和较满意率≥90%	学员对培训教学的满意率和较满意率≥60%	查阅调查问卷和统计结果			
	4.9 送培单位评价	送培单位满意率	送培单位对学员培训效果综合评价的满意率或较满意率≥90%	送培单位对学员培训效果综合评价的满意率或较满意率≥60%	查阅学员跟踪调查报告和送培单位评价原始资料			
	4.10 培训创新	示范作用	培训特色与创新在全国范围内有较大影响，对其他培训基地有示范作用	培训活动具有一定的特色	听取汇报，查阅资料			

参考文献

[1] 中华人民共和国劳动和社会保障部.电力机车司机国家职业标准.北京:中国铁道出版社,2005.
[2] 中华人民共和国劳动和社会保障部.电力机车钳工国家职业标准.北京:中国铁道出版社,2006.
[3] 中华人民共和国劳动和社会保障部.机车调度员国家职业标准.北京:中国铁道出版社,2006.
[4] 中华人民共和国劳动和社会保障部.机车检查保养员国家职业标准.北京:中国铁道出版社,2006.
[5] 中华人民共和国劳动和社会保障部.机车整备工国家职业标准.北京:中国铁道出版社,2006.
[6] 中华人民共和国劳动和社会保障部.制动钳工国家职业标准.北京:中国铁道出版社,2006.
[7] 中华人民共和国劳动和社会保障部.机车电工国家职业标准.北京:中国铁道出版社,2006.
[8] 姜大源.当代德国职业教育主流教学思想研究(理论实践与创新).北京:清华大学出版社,2007.
[9] 石伟平,徐国庆.职业教育课程开发技术.上海:上海教育出版社,2004.
[10] 姜大源.职业教育学研究新论.北京:教育科学出版社,2006.
[11] 叶昌元.职业活动导向教学与实践.杭州:浙江科学技术出版社,2008.
[12] 邓泽民.职业学校学生职业能力形成与教学模式研究.北京:高等教育出版社,2002.
[13] 赵志群.职业教育与培训学习新概念.北京:科学出版社,2003.
[14] 欧盟 Asia-Link 项目"善于课程开发的课程设计"课题组.职业教育与培训学习领域课程开发手册.北京:高等教育出版社,2007.
[15] 何克抗.教学系统设计.北京:北京师范大学出版社,2007.
[16] 邓泽民,陈庆合.职业教育课程设计.北京:中国铁道出版社,2006.
[17] 邓泽民,赵沛.职业教育教学设计.北京:中国铁道出版社,2006.
[18] 徐国庆.实践导向职业教育课程研究技术学范式.上海:上海教育出版社,2004.
[19] 张昕.新课程教学设计.北京:北京理工大学出版社,2004.